美军联合战役情报支援理论研究

车军辉　著

Wuhan University Press
武汉大学出版社

图书在版编目（CIP）数据

美军联合战役情报支援理论研究 ／ 车军辉著．—武汉：武汉大学出版社，2023.2

ISBN 978-7-307-23427-7

Ⅰ．美… Ⅱ．车… Ⅲ．联合战役－军事情报－研究－美国

Ⅳ．①E827 ②E712.416

中国版本图书馆CIP数据核字（2022）第211751号

责任编辑：周媛媛 冯红彩 责任校对：牟 丹 版式设计：文豪设计

出版发行：**武汉大学出版社** （430072 武昌 珞珈山）

（电子邮箱：cbs22@whu.edu.cn 网址：www.wdp.com.cn）

印刷：三河市京兰印务有限公司

开本：710×1000 1/16 印张：14 字数：208千字

版次：2023年2月第1版 2023年2月第1次印刷

ISBN 978-7-307-23427-7 定价：68.00元

序　言

在某种意义上，情报决定一切。[1]

——华盛顿

自20世纪90年代以来，为维护、拓展所谓的国家利益，应对不同安全威胁，美军在十多年的时间内连续发动了海湾战争、科索沃战争、阿富汗战争和伊拉克战争。虽然这四场局部战争的背景、对手、条件、进程和结局各不相同，但战争信息化的成分却越来越多、色彩越来越浓，美军实施联合战役的手法也日渐娴熟，作战效能不断提升。在海湾战争中，多国部队将连接伊军前后方的战略枢纽——纳西里耶确定为全纵深攻击的目标区域，实施了著名的"左勾拳"行动，在取得完全制空权的情况下，以100小时的地面作战击垮伊军数月苦心经营的防御体系。在12年后的伊拉克战争中，美军第3机步师以日推进170千米的速度，不顾侧翼暴露，越点直击巴格达。对于这些已被广泛引用的"经典"作战行动而言，世人一直在思索：美军为什么能够洞悉变幻莫测的战局，准确击中敌人的"七寸"？美军何以能够在战场上如此得心应手，大胆试验新型作战理论？或许我们在美军领导人的战后感言中可以找到比较明确的答案。时任中央总部总司令的诺曼·施瓦茨科普夫陆军上将指出，"美

---

[1]　内森·米勒：《美国谍报秘史》，王业桃、任福廉、华希玲译，译林出版社1991年版，第4页。

国和联军部队在'沙漠风暴'行动中取得的巨大军事胜利和遭受的极小损失，应直接归功于针对伊拉克人的出色的情报工作"[1]。直接指挥"持久自由行动"和"伊拉克自由行动"的汤米·弗兰克斯上将则说，"我们对战场态势的感知已经达到前所未有的程度"[2]，"在各种电子探测器布下的天罗地网中，敌方的无线电和雷达信号、蜂窝式无线电话和卫星电话信号、地面通信线和数据传输信号——甚至连伊拉克的军用电子邮件系统都在我们的监控之中"，"在历次战争中，还没有一位指挥官得到过如此详细和精确的敌方态势图"[3]。可见，美军将成功遂行联合战役的原因归功于卓有成效的情报支援。

美军认为，"情报对联合作战之成败至关重要""作为一个可以开发利用的倍增器，情报支援的价值是无可估量的"[4]。在规划战役级联合作战发展的《2010年联合构想》和《2020年联合构想》中，美军提出制敌机动、精确打击、全维防护、聚焦后勤四大新型作战原则；同时认为信息优势是实现上述四大原则的基础，而情报则是夺取信息优势、剥夺敌方侦察与探测能力的前提。在2003年4月公布的《美国国防部转型计划指南》中，更是将"充分利用美国情报优势"作为支撑美军转型的四大支柱之一；提出未来规模更小、杀伤力更强、行动更敏捷的联合部队，要想在全球任何地方迅速击败任何敌人，就必须依赖于与作战密切关联或融合的情报能力。同样，在以"战略瘫痪""基于效果作战""快

[1] 美国国防部：《海湾战争：美国国防部致国会的最后报告附录》（中），军事科学院外国军事研究院、中国国防科技信息中心译，军事科学出版社1992年版，第21页。

[2] 汤米·弗兰克斯、马尔科姆·麦廉奈尔：《美国一兵》，军事谊文出版社2005年版，第363页。

[3] 同 [2]，第375页。

[4] 美军JP2-0《联合作战情报支援纲要》，2000年版，第1页。[R/OL].(2000-03-09)[2010-09-06].https://militarydictionary.org/source/joint-intelligence/.

速决定性作战""网络中心战""多域战"为代表的美军前沿作战理论和思想中，都无一例外地强调掌控情报优势以及情报对作战行动的直接支援的重要作用。例如，"快速决定性作战"把"作战净评估""共用相关作战图"和"联合的情报、监视与侦察"称为"以知识为中心的作战"的三大支柱，其实质就是通过全源情报搜集、分析、分发，达成对战争的全知与共知，形成战场的单向透明。

基于对情报支援的高度重视，美军一直致力于加强其联合战役情报支援的能力。一方面，持续投入巨资发展、部署新型情报手段和装备，重点开发航空航天侦察、无人机侦察和智能化情报处理系统；另一方面，不断调整、完善其联合战役情报支援体系，加强国家战略情报力量对战区战役级的支援力度，提高战区联合情报机构的协调能力和情报处理能力，以对作战部队提供有效的保障。同时，美军还制定系列化条令法规，规范联合战役情报支援行动。自1993年以来，美军已先后颁布或修订了十余部"情报"系列联合出版物，形成了较为完备的联合作战情报支援条令体系，为美军各级联合部队指挥官科学实施各项情报支援活动提供了重要依据。这些举措在几次局部战争中得到了不同程度的检验，取得了较好的实战效果。

面对美军在联合战役情报支援方面取得的成果，对正在践行强军事业的我军来说应该思考：美军联合战役情报支援的成功之处在哪里？究竟有哪些行之有效的方法手段？我们可以从中得到什么样的参考借鉴？这些正是本书研究的出发点和归宿。

目 录

CONTENTS

第一章　美军联合战役与情报支援

对任何一个指挥官来说，设法掌握敌人的动向是一件至关紧要的事。[1]

——［美］威斯特摩兰

在美军实施的历次联合战役中，情报支援都发挥了重要的作用。丰富的实践经验也使联合战役情报支援本身获得了极大的发展，成为协助联合部队指挥官整合、协同和指挥联合战役行动的六大联合职能之一。因此，美军要求在联合战役的各个阶段，无论作战进程怎样发展，都必须提供及时、准确、连续的情报支援，各级指挥官也要把情报工作作为首要任务贯穿于整个作战始终。

第一节　美军联合战役的概念内涵

"任何理论首先必须澄清杂乱的、可以说是混淆不清的概念和观念。只有对名称和概念有了共同的理解，才可能清楚而顺利地研究问题，才

---

[1]　威廉·威斯特摩兰：《一个军人的报告（上）》，洪科译，生活·读书·新知三联书店 1977 年版，第 268 页。

能同读者常常站在同一个立足点上。"[1]因此，在进行具体问题研究之前，很有必要对美军联合战役的相关概念、术语进行界定，以明确研究的逻辑起点和范围。

在美军军事术语中，并没有关于"联合战役"的直接定义。因为在美军作战概念与实践中，凡是战役或战役级作战没有不是联合的。美军认为："战役在本质上是联合的。战役是进行战争和非战争军事行动的核心。战役要为达成国家和多国的目标而与外交、经济和信息等手段紧密配合，同时协调运用一切必要的空中、地面、海上、空间和特种作战行动，以及跨机构和多国行动。"[2]因此，我们可以通过分析美军对联合作战的概念认知，来明晰美军联合战役的内涵。

所谓联合作战，美军认为"泛指由联合部队或本身未建立联合部队的相关联的军种部队（如支援、协调机构等）所采取的军事行动"。[3]这一概念主要阐明美军联合作战的基本条件，涉及两个方面的内容：一是美军实施联合作战的主体；二是美军联合作战的行动范围。

关于实施联合作战的主体：美军联合部队统指"由两个或两个以上军种的重要建制或配属部队组成的受单一联合部队司令指挥的一支力量"[4]。军种部队主要指按照军种所属关系，未与其他军种进行混编、由单一军种构成的部队。联合部队主要由军种部队组成，是美军实施联合作战行动的主要力量。美军联合部队通常有三种编成类型：作战司令部、下属联合司令部、联合特遣部队。

---

[1] 克劳塞维茨：《战争论》，中国人民解放军军事科学院译，解放军出版社1994年版，第86页。

[2] 美军JP3-0《联合作战纲要》，2006年版，第91页。[R/OL].(2006-9-17)[2008-04-15].https://www.jcs.mil/Doctrine/.

[3] 美军JP3-0《联合作战纲要》，2006年版，第422页。[R/OL].(2006-9-17)[2008-04-15].https://www.jcs.mil/Doctrine/.

[4] 美军JP3-0《联合作战纲要》，2006年9月版，第419页。[R/OL].(2006-9-17)[2008-04-15].https://www.jcs.mil/Doctrine/.

作战司令部是"一个在单一指挥官指挥下担负广泛而连续的任务的联合或特种司令部"[1]，是美军最高一级的联合部队，在美国总统和国防部部长的指导下，在参谋长联席会议主席的建议和协助下，对美军作战部队行使指挥权，筹划并实施联合作战行动及支援行动。美军现有11个作战司令部，都为联合司令部，分为6个区域性的战区司令部，即印太司令部、欧洲司令部、南方司令部、中央司令部、北方司令部和非洲司令部；5个职能司令部，即特种作战司令部、战略司令部、军事运输司令部、网络司令部和太空司令部。其中，战区司令部拥有各自责任区域内陆军、海军、空军、海军陆战队及特种作战部队的作战指挥权，负责指挥指定区域内的所有作战行动；职能司令部则具有不受地域限制的全球性职责，可以在所有地理区域内行动，并能够为担负作战行动的作战指挥官提供部队和支援。

下属联合司令部是美军为遂行连续实施的作战行动，由联合司令部指挥官通过参谋长联席会议主席得到总统和国防部部长授权后，建立的较低级别的联合司令部，行使与联合司令部类似的职能和权力。美军下属联合司令部通常按地理区域和职能范围组建，在战区司令部的指挥下，担负战区内某一重要战略方向的长期性作战任务。例如，太平洋司令部所属有驻韩美军司令部和驻日美军司令部两个下属联合司令部，主要担负朝鲜半岛作战任务，以及应对、干预周边地区可能出现的危机和冲突，或为其他战区的行动提供支援。

联合特遣部队是美军为了完成特定的、目的有限的任务，由国防部部长、作战指挥官、下属联合司令部指挥官或联合特遣部队指挥官建立的联合部队。它既可以按照地理区域建立，也可以按照担负的职能任务建立，通常是为达成具体的作战目标而组建，在目的实现后，将由适当的权威机构予以解散。美军在入侵格林纳达的联合作战中，就组建了第

---

[1]　美军JP3-0《联合作战纲要》，2006年9月版，第87页。[R/OL].(2006-9-17) [2008-04-15].https://www.jcs.mil/Doctrine/.

120 特遣部队和第 123 特遣部队两支联合部队实施空降和特种作战行动。

在联合作战中，美军根据国家战略目标、作战对象、作战强度等因素，通常灵活使用以上三种联合部队编成类型，一般采用战区联合战役和联合特遣部队作战两种形式。当作战对手较强、作战规模较大、仅凭单一作战行动难以达成国家战略目标、必须实施中高强度作战行动时，美军一般依靠战区司令部和下属联合司令部，采用战区联合战役的形式进行作战。美军在海湾战争、伊拉克战争中就依托中央司令部，编组了囊括战区陆军、海军、空军、海军陆战队和特种作战部队的 55 万人的联合部队，实施大规模的战区联合战役。而当作战对手相对较弱、作战目的有限、规模较小、持续时间较短、作战强度较低时，美军一般使用已组建或临时组建的联合特遣部队，采用联合特遣部队作战的形式进行作战。例如，在空袭利比亚的"黄金峡谷"行动中，美军就编组了由第 3 航空队和第 6 舰队两艘航母组成的联合特遣部队，实施海空联合打击。

此外，在美军实施的主要联合作战行动中，绝大多数时候有盟国或临时联合体组成的多国联军部队参与其中，这也成为美军联合作战的一个重要特点。联军作战与美国诸军种联合作战最突出的不同体现在对参战国军队的指挥与控制上，主要采用平行指挥和主要国家牵头指挥两种形式。其中，平行指挥是指在联军作战中，由两个或两个以上互不隶属的指挥机构分别指挥相应国家军队，通常要建立相应的协调机构，协调主要作战行动；主要国家牵头指挥是指联盟或临时联合体的参战兵力和资源由某一国主要承担和提供，联军指挥官也由该国军官担任，其他国家军队置于其指挥与控制下。但美军同时强调，在联合作战中要保持美军的独立性和主导权，要在作战中发挥核心领导作用。即使为了实现某一目标而不得不将美国部队置于别国指挥官的控制之下，美军指挥官除了要向别国指挥官报告外，还拥有向美国上级军事指挥机构单独报告情况的权力。

关于联合作战的行动范围，依据规模、目标和作战强度，美军将军事行动分为"军事接触、安全合作和威慑""危机反应和有限应急行动""大规模作战行动和战役"三大类。这三类行动基本覆盖美国军事行动的全部类型，涵盖平时、危机时和战时，可以使美军具备在任何时间、任何范围实施任何强度战争的能力。"军事接触、安全合作和威慑"主要包括应急准备、军备控制与裁军、打击恐怖主义、国防部支援反毒品行动、执行制裁行动、强制禁区行动、确保航行和飞行自由、国家援助、护航、显示武力、对暴乱行动的支援和反骚乱行动。"危机反应和有限应急行动"主要包括非战斗人员撤离行动、和平行动、外国人道主义援助行动、搜救行动、后果管理行动、打击与袭击、国土防御与民事支援行动。当美国领导人认为国家战略目标受到影响，为了维护其国家利益必须诉诸武力使美国进入战时状态时，美军则实施所谓的"大规模作战行动和战役"。此类军事行动一般包括塑造战场、威慑行动、夺取主动权、决定性行动、稳定行动和帮助民政当局六个阶段，涉及进攻、防御、稳定三种行动类型。[1] 但也不排除一些适用于危机时和平时的行动，如"打击与袭击""显示武力"等充分体现其军事行动对抗性特点的行动，入侵格林纳达的"暴怒"行动即属于此类。

　　综上所述，美军联合战役主要包含三个方面：一是美军联合战役力量涵盖广泛，联合特征突出，既包括陆军、海军、空军、海军陆战队和特种作战部队，也包含在某些情况下其他国家的联军部队和军事力量；二是美军联合战役行动既包括大规模的作战行动，也包括在某些特定条件下预防冲突、缓解紧张关系的一般军事行动；三是美军联合战役的规模可大可小，可以根据作战目的、事态发展和威胁程度，灵活选择不同强度和样式的行动，没有严格的限制。

---

[1]　美军 JP3-0《联合作战纲要》，2006 年版。[R/OL].(2006-9-17)[2008-04-15].
https://www.jcs.mil/Doctrine/.

第二节　美军联合战役情报支援的定义

由于语言表达的差异和习惯称谓的不同，在美军军语中并没有关于"联合战役情报支援"的直接定义，因此，我们需要从"情报""支援""联合战役"等相关概念入手，界定其基本含义。

所谓情报，就是"指通过对可用的涉及外国、敌对或潜在的敌对部队或分队、实际的或潜在的作战地域信息资料的搜集、处理、综合、评估、分析和判读而形成的产品。该术语也适用于与整理此种产品的活动及从事此种活动的机构"[1]。在这一描述性定义中，美军实质上是赋予"情报"三种内涵：一是将情报视为一种经过处理的信息产品。这种产品是关于敌对或潜在敌对国家和军队及预定作战地区的知识，具有"对外性"。二是将情报视为获取此种信息产品的一系列活动过程。活动内容包括信息资料的搜集、处理、综合、评估、分析和判读。三是将情报视为组织实施这些活动的实体单位。可见，美军认为"情报"是产品、过程和组织的统一体，这三者在统一的框架内密切联系、高度融合、不可分割，并为各种联合行动提供支持。为了便于有针对性地研究问题，本书所用"情报"术语通常指的是第一种含义，即经过处理的信息产品，以和"情报组织""情报行动"区分开。

为了强调情报的本质属性，美军还将情报和信息区别开来，认为信息是任何介质或形式的事实、数据或指令，涉及己方、中立方、敌方、天气、地形、文化因素等诸多方面。信息经过关联、对比等分析处理流

---

[1]　美军 JP2-0《联合情报纲要》，2013 年版，第 193 页。[R/OL].(2013-10-22)[2014-11-05].https://militarydictionary.org/source/joint-intelligence/.

程后就可以被加工成情报。信息是原材料，情报是成品。情报与信息最突出的区别在于两点：一是情报具有预测性，"可以对未来的局势和环境进行预判和推测"[1]；二是情报具有辅助性，"能够通过解释现有各行动方案之间的差别辅助决策"[2]。

所谓支援，是指"按照有相应要求的指示，一支部队帮助、保护、补充或支持另一支部队的行动"[3]，是美军指挥关系中最为灵活的一种。支援关系由上级指挥官通过授权指令在两个下属指挥官之间建立。作战司令部及其以下任何各级指挥官之间都可以建立支援关系，如太平洋总部可以为中央总部提供支援；联合特种部队能够为联合地面部队提供支援。同时在某些情况下，一名作战指挥官既可以是某一作战行动的支援者，也可以是另一作战行动的受援者。在建立支援关系时，通常受援指挥官有权对支援行动进行全面指导，包括确定具体目标或目的，并明确支援行动的相对优先顺序、时机和持续时间。支援指挥官则应确认受援指挥官的需要，就支援行动的实施向受援指挥官提出建议并与之协调，协助其制订计划，将支援行动作为整体行动的一部分，纳入受援指挥官的总体作战计划中。

综合以上分析，可将联合战役情报支援定义为：在联合作战背景下，美军战区级指挥机构利用国家和军队所属各种情报力量，通过统一的指挥和协调，为协助联合部队指挥官和联合参谋机构及其所属部队而进行的计划、搜集、处理、分析、评估、分发所需情报的行动。

上述定义包括以下几个要点：

其一，美军联合战役情报支援横跨平时、危机时和战时，贯穿于各

---

[1]　美军JP2-0《联合情报纲要》，2013年版，第16页。[R/OL].(2013-10-22)[2014-11-05].https://militarydictionary.org/source/joint-intelligence/.

[2]　美军JP2-0《联合情报纲要》，2013年版，第16页。[R/OL].(2013-10-22)[2014-11-05].https://militarydictionary.org/source/joint-intelligence/.

[3]　美军JP1《美国武装部队》，第209页。[R/OL].(2007-05-14)[2010-09-10].https://www.jcs.mil/Doctrine/

类作战行动。虽然美军联合战役在本质上仍然属于战区大规模作战的战役行动，但为了应对面临的"非常规性"威胁，其作战重点已由地区强国转变为国际恐怖主义、极端势力等非政府组织，以及拥有大规模杀伤性武器的"邪恶国家"和一些"非国家实体"，如美军实施的击毙本·拉登的"海神之矛"行动。这就要求联合战役情报支援不再仅仅为大规模的作战行动服务，更多的时候要为平时和危机时的联合作战行动提供支持。同时，"军事接触、安全合作和威慑""危机反应和有限应急行动""大规模作战行动和战役"这三类联合作战行动可能同时或交叉进行，在作战中可以根据需要灵活转换。情报作为基本联合职能，不应受行动类型限制，必须在所有作战行动中提供支援。例如，美军明确要求：在"军事接触、安全合作和威慑"行动中，情报支援要为联合部队指挥官提供有关作战环境的情报，协助指挥官确定运用何种力量和行动持续时间；在"危机反应和有限应急行动"中，情报支援要帮助指挥官决定何时、何地、如何部署何种力量，以及如何有效运用这些力量来完成任务；在"大规模作战行动和战役"期间，情报支援要确定敌军的能力，协助指挥官识别敌人的重心，为己方筹划行动方案、制订作战计划提供支持。

其二，情报支援是美军联合战役行动的重要组成部分。随着情报与火力、指挥、机动等作战要素的日益深度融合，情报支援与作战计划、行动实施之间的关系也更加密切。美军认为，没有情报支援的作战行动是无法取胜的，也是不可想象的。情报支援已成为作战行动的重要组成部分，对战局发展及结果具有直接决定性作用。在美军看来，"保障"是特指"在任务完成之前提供维持和延续作战行动所需的人员和后勤勤务"[1]，其内容包括后勤补给、装备维修、物资运输、卫生勤务、人员补充、财务管理、法律咨询等职能领域，是为保证作战行动顺利实施的措施和活动，是作战行动的附属物，与"支援"有本质区别。这也是美军在条

[1] 美军 JP3-0《联合作战纲要》，2006 年 9 月版，第 168 页。[R/OL].(2006-9-17)[2008-04-15].https://www.jcs.mil/Doctrine/.

令等正式文献中使用"情报支援"，而不是"情报保障"的主要原因。

其三，美军联合战役情报支援的受援者主要以各级联合部队指挥官及其联合参谋机构为主，同时也包括联合部队编成内各军种部（分）队。美军认为，虽然联合部队指挥官和联合参谋机构是进行联合作战筹划、决策的主体，但所有联合部队都是由军种部（分）队组成的。军种部（分）队是联合部队的基础，并处于作战一线，需要大量情报支持其行动。因此，在情报支援时，不能局限于战区作战司令部司令、下属联合司令部司令和联合特遣部队司令等对象，还应把军种部（分）队作为支援的重点之一，实现情报对战斗行动的直接支援。

其四，美军联合战役情报支援的实施主体是国家和军队的各级情报机构和各种情报力量。在联合战役行动中，美军参与情报支援的单位并不仅仅限于军队情报机构，国家情报组织也是情报支援的主体之一。美国国务院、联邦调查局等国家情报界成员都有为联合战役提供情报支援的义务和责任。它们以各种形式，通过不同的机制和渠道，将获取的战略、战役情报及时提供给指挥官和部队。同时，美军还可以依靠一些联合情报机构，根据有关协议获得外国政府和军队的情报支援。

其五，美军联合战役情报支援是由一系列连续实施的情报行动组成的。美军认为，情报支援涉及范围广泛，主要由六类相关联的情报行动组成，分别是计划与指导、搜集、处理与利用、分析与整理、分发与整合、评估与反馈。其中，计划与指导是联合战役情报支援的基础，是联合战役整体计划程序的重要组成部分；搜集是联合战役情报支援的前提；处理与利用、分析与整理、分发与整合是联合战役情报支援的关键环节，也是其产生效率的重要阶段；评估与反馈则对整个联合战役情报支援的行动过程和阶段成果进行评定，并不断改进，以满足用户需求。这六类情报行动构成了美军联合战役情报支援的行动框架。它们既可以同时进行，也可能省略某一种行动，其实施情况完全视联合作战进程和情报种类、性质灵活而定。

第三节　情报支援在美军联合战役中的地位作用

美军认为，"在所有的联合作战行动中情报至关重要"[1]，取得作战胜利在很大程度上取决于获得更多、更准确的情报，情报支援无论怎么强调都不过分。随着美军联合战役行动的多样化和作战环境的复杂化，对情报的需求日益迫切，情报支援的地位作用更加突出。

一、情报支援是制订联合战役计划与实施指挥的依据

制订联合战役计划是联合作战指挥活动的核心内容，也是联合部队指挥官及其参谋机构在联合作战中的主要活动和重要职责。美军认为，联合部队指挥官需要根据国家最高当局确定的战略目的和预期的最终态势，明确作战目标、敌军重心，制订作战方案，进而形成具体的作战计划。在这一系列连续的过程中，所有活动都必须以及时、准确的情报支援作为筹划决策和制订计划的依据。一方面，情报支援可以为指挥官提供有关敌军意图、实力、弱点、可能采取的行动等方面的情报，使指挥官了解"敌人能干什么、在干什么、将干什么"，并对作战环境进行全方位的分析，特别是要发现敌军的重心，为指挥官提出作战方案和制订作战计划打下基础，同时可以有效减少军事行动固有的风险，增大联合战役行动成功的概率。另一方面，一旦指挥官确定方案和计划，情报支援可以依据随时变化的敌情和战场态势，协助作战参谋不间断地对其进

---

[1]　美军 JP3-0《联合作战纲要》，2006 年 9 月版，第 142 页。[R/OL].(2006-9-17)[2008-04-15].https://www.jcs.mil/Doctrine/

行评估和复核，确保方案和计划仍能符合指挥官的作战意图。美军强调，无论是联合部队指挥官在确定总体任务时，还是在选择具体目标与打击对象时，情报支援都是非常重要的依据，必须综合战略、战役、战术各层次情报，全面衡量；在情报支援的基础上，力求在最有利且最能直接实现作战目标的地点和时机使用联合部队，摧毁敌方作战力量和保持行动自由，并最终挫败敌军。

在阿富汗战争和伊拉克战争中，美国动用政府和军队各种情报手段，对中央战区司令汤米·弗兰克斯及其参谋机构实施了全方位的情报支援。从国际政治、军事形势，到作战对象的战争实力、兵力部署、国内民众情绪，再到预定作战地区的地理气象条件，所有有助于指挥官下定决心、拟制计划的情报都源源不断地汇总到战区联合情报行动中心。其中关于阿富汗兴都库什山脉地形和塔利班组织结构的情报，更是促使汤米·弗兰克斯采取精确打击与特种作战相结合的非对称作战形式的主要原因。

二、情报支援是夺取信息优势、增强战场感知能力的关键基础

信息优势既是美军的核心能力，也是美军相对于其他国家军队的核心优势。美军认为，"信息会改变作战环境"[1]，在联合战役行动中，信息是一项关键性甚至是决定性的因素。各级指挥官都要利用信息来获取、保持、扩大作战主动权，并取得决定性的作战效果。因此，必须将夺取信息优势融入全频谱作战行动中。夺取并保持信息优势的关键在于战场感知能力的强弱。拥有这种能力可以使联合部队有效了解、掌握作战地域和关心地域内空中、陆地、海洋、太空，以及其所涉及的敌方、己方、友邻、气象、地形、电磁频谱等有形和无形空间环境的情况。通过全面搜集信息、不断生产情报产品和持续地监视战场情况，情报支援成为夺

---

[1]　美国陆军 FM3-0 野战条令《作战纲要》，2008 年版，第 236 页。[R/OL].
(2008-03-22)[2013-06-04].https://www.gloalsecurity.org/military/library/policy/
army/fm/.

取信息优势、增强战场感知能力的关键。

首先，情报支援极大地拓展了战场感知空间。在联合战役筹划与实施中，部署在多维空间的传感探测设备和侦察力量形成一体化的情报网络，每个传感探测设备和侦察单元都是网络上的"节点"。联合部队指挥官通过获得各"节点"提供的情报，不仅可以清楚了解陆、海、空、天、电等多维战场的情况，更可以深入敌人的心理认知领域，分析预测敌人的作战意图，使战场感知空间由有形向无形拓展。

其次，情报支援有效地提高了战场感知效果。美军认为，通过向作战环境中各个领域（空中、陆地、海上和计算机网络）的各类参与者提供共同的态势感知，可以提高联合部队应对各种常规和非常规威胁的能力。而这种共同的态势感知则有赖于情报支援所形成的"通用作战态势图"。各级指挥官只要调用定时更新的"通用作战态势图"，就能够动态了解战场整体态势，改变以往难以实时、全面地了解战场情况的局面，大大提升感知的质量。

最后，情报支援有助于信息优势的转化。夺取信息优势的目的是以信息流控制物质流和能量流，进而取得决策优势和行动优势。美军依靠情报支援所提供的强大的信息处理和传输能力，将战场杀伤链的运行时间，即F2T2EA（发现—定位—跟踪—瞄准—攻击—评估）所用时间从海湾战争的80～101分钟缩短到伊拉克战争中的10分钟，指挥效率的提升不可同日而语，信息优势的转化效果可见一斑。

三、情报支援是联合部队遂行各种作战任务的行动先导

由于作战对象和作战环境日益复杂，在美军联合战役中，无论是遂行大规模作战行动，还是实施军事威慑行动，美军联合部队对情报支援的依赖程度更加直接，且不断加大。没有及时、准确的情报支援为其服务，联合部队从制订计划到展开行动都会失去方向，成为"瞎子""聋子"，丧失战场主动权。因此，美军规定，情报支援行动通常要先于整体作战

行动进行，并且行动范围涉及整个作战区域，"它不仅要支援当前阶段的行动，同时也要为后续阶段的行动奠定基础"[1]。

在"大规模作战行动和战役"中，情报支援要事先查明敌人的实力，协助指挥官发现敌军重心，预测敌人可能采取的行动，并会同作战计划人员拟订己方兵力运用计划。例如，在联合部队遂行遮断任务时，情报支援应提供有关敌方作战计划、交通线、战术部署和作战能力的情报，以及包括地形特点、天气、季节等目标区域的环境条件信息，甚至温度和湿度对遮断行动的影响也必须包含在搜集内容之中。这些情报信息有助于联合部队选择合适的攻击对象，运用适宜武器系统和跟踪掌握敌方的反应。在"危机反应和有限应急行动"中，一旦确认危机即将升级或紧急状态已经宣布，情报支援重点要满足联合部队对行动区域内居民、文化、政治、宗教、经济等方面的情报需求，同时必须迅速搜集联合部队行动地区主要港口、机场和地面交通线的运输能力和限度。在 1995 年12 月至 1996 年 12 月实施的"联合努力"行动中，为了在波黑部署"鹰"特遣部队，美军情报支援机构向运输机组和参谋人员提供了详细的敌方情报和机场数据，为顺利实施维和行动发挥了重要作用。

四、情报支援是提升联合战役行动效能的重要手段

美军联合战役强调作战行动的精确性和非线性，以效益最大化和可控性为目标，力求以决定性的速度和压倒性的行动节奏取得作战胜利。要实现这些目标，达到"以快吃慢""以小投入获取大收益"，最大限度地提升作战行动效能，离不开各级情报机构提供的情报支援。情报支援对美军联合战役行动效能的影响主要表现在以下几个方面。

一是情报支援为精确打击提供支持。围绕精确打击，美军情报机构

---

[1]　美军 JP2-0《联合情报纲要》，2013 年版，第 116 页。[R/OL].(2013-10-22)[2014-11-05].https://militarydictionary.org/source/joint-intelligence/.

利用多层次、多领域和多手段的侦察监视系统，发现识别作战地域内各种目标，并对其进行精确定位，将详细的地理空间情报和目标情报传递给精确制导武器，使其能够对敌人整个作战体系实施连续不断的精确火力突击。在充分发挥精确打击的最大威力的同时，对目标摧毁程度进行控制，把附带损伤降至最低。正是由于情报支援的成功，美军才能不断增加精确制导武器在作战中的使用比例，由海湾战争时占总弹药量的7%~8%，上升至伊拉克战争时的68%。

二是情报支援为评估作战效果提供工具。美军认为，"及时、持续的评估对于衡量联合部队完成任务进展情况是必不可少的"[1]，需要情报机构提供支援和配合。情报人员通过整合各种来源的情报信息，使用联合作战环境情报准备工具，分析敌军行动、能力和作战环境变化程度，确定作战行动是否取得预期或非预期的效果，帮助指挥官"在必要时对行动和资源做出调整，确定何时实施分支行动和后续行动，并下定其他重要决心，从而保证当前和尔后行动同任务和预期结果相一致"[2]。

三是情报支援为作战行动协调一致创造条件。美军历来强调作战行动的统一协调，将其视为确保高效实施联合作战的重要保证。情报支援以网络平台为中心，通过为各种作战力量提供共享的情报，使分散在战场各处的美军部队不但知道"我在哪里"，而且知道"敌人在哪里""友邻在哪里"，随时掌握战场态势和进程变化，进而在理解指挥官意图的基础上，提高行动速度和节奏，集中优势力量，对敌人作战系统的重心和决定点实施重点打击。

---

[1] 美军 JP2-0《联合情报纲要》，2013 年版，第 128 页。[R/OL].(2013-10-22)[2014-11-05].https://militarydictionary.org/source/joint-intelligence/.

[2] 美军 JP2-0《联合情报纲要》，2013 年版，第 128 页。[R/OL].(2013-10-22)[2014-11-05].https://militarydictionary.org/source/joint-intelligence/.

第二章　美军联合战役情报支援的
形成与发展

对于情报的搜集方法，采取兼收并蓄、细大不捐的态度，不管所得来的资料是如何不完全和矛盾，但是用沙里淘金的方式去搜寻，常常可以找到真正有用可靠的情报。[1]

——[瑞士] 约米尼

同任何事物的发展进程一样，美军联合战役情报支援的发展也不是一蹴而就的，同样经历了从简单到复杂、从不成熟到成熟的曲折过程。它与美国国家发展和军事建设历程紧密呼应，其间经受了两次世界大战和多次局部战争的考验。其中，既有成功的经验，也有失误的教训，促使美军联合战役情报支援在思想、体制、技术等方面不断调整改革，以适应战争形态和作战样式的发展。

---

[1] 安东·亨利·约米尼：《战争艺术》，钮先钟译，战士出版社1981年版，第203页。

第一节　孕育萌芽阶段
（18 世纪末至 20 世纪 40 年代初）

美军的情报工作发端于独立战争。当时，华盛顿和大陆军虽然十分重视情报工作，但没有成立专门的情报机构，诸如秘密通讯委员会一类机构，其主要职责是外交。华盛顿经常亲自发布情报搜集指令，进行情况判断。大陆军主要是依靠间谍和民兵获取英军情报。在这一时期，美国历史上著名的间谍——内森·黑尔就以"我唯一的遗憾就是我只有一次生命可以献给我的祖国"的名言而闻名全美。在 1781 年进行的约克敦围城之战中，大陆军凭借原始的侦察手段，较好地掌握了英军的动向，将其合围，迫使英军南部战区司令康华利率部投降。独立战争结束后，大量大陆军解甲归田，军事机构裁撤严重，军事情报工作也随之陷入长时间停滞。

1861 年爆发的南北战争为美国军事情报工作走出低谷提供了契机。在战争初期，虽然双方都没有做好情报准备工作，但南北两军在短时间内重建了情报系统。相比而言，南军情报工作的启动速度要比北军快，在北方首都华盛顿迅速建立了数个间谍网，并凭借优秀的骑兵部队进行战场侦察，取得了一系列的胜利并一度造成北军军事上的危局。这种情况一直持续到维克斯堡战役和葛底斯堡战役之前。1863 年的葛底斯堡战役是美国内战中的转折性战役，北军由此从防御转入进攻。在这场战役中，北军广泛运用间谍、骑兵及平民实施侦察，获知了南军的动向及作战部署，有力地保障了乔治·戈登·米德将军的决策行动[1]。

由于受德军总参谋部指挥体制的影响，1882年3月，美国海军部长威廉·亨特签署命令，成立海军情报部，负责搜集和记载战时和平时对海军部可能有用的海军情报，以此作为情报的主要来源[2]。这个机构在经历多次改变隶属关系后，于1915年归属新成立的海军作战部长办公室，这一隶属关系一直持续至第二次世界大战结束。1885年10月，美国陆军也成立了陆军情报部，负责搜集能供陆军部和陆军作战使用的自身或外军资料，并在1903年成为陆军总参谋部的三个下属部门之一。这两个常设性军事情报机构的成立，标志着美军职业化军事情报体系基础的初步形成。

同时，美国武官情报工作也初具雏形。1882年10月，美国海军任命查德威克为驻英海军武官。1889年3月，陆军部也向外派出武官。此后，美国武官不断扩大，到第二次世界大战爆发前，美国共派出34名驻外陆军武官及武官助理、17名海军武官。但是，由于经费紧缺、自身素质欠佳以及驻在国限制等原因，美国武官获得的情报寥寥无几，没有发挥应有作用。

1898年，第一场帝国主义战争——美西战争爆发。在这场战争中，美军加强了战前对西班牙的军事情报工作，海军情报部和陆军情报部分别在古巴、菲律宾和波多黎各等地建立起谍报网，对西班牙西印度舰队和卡马拉舰队进行侦察。同时，美国财政部特工局还组织力量实施反情报行动，协助美军抓捕了不少间谍。美军及美国政府卓有成效的情报工作有力地保证了战争的胜利，美军认为美西战争是"美国历史上第一场

---

[1] Edwin C. Fishel, The Secret War for the Union : The Untold Story of Military Intelligence in the Civil War (Houghton-Mifflin Trade and Reference, 1996) pp.562-565.

[2] 刘宗和、高金虎主编：《外国情报体制研究》，军事科学出版社2003年版，第6页。

在开战之前军事情报职能就已经确立并运转的战争"[1]。

第一次世界大战爆发后，美国以德国实行无限制潜艇战为借口对德国宣战，并于1917年5月，派出美国远征军前往欧洲参与作战。美国由于军事情报机构长期处于经费短缺、规模偏小的状态，在战争爆发初期不能为国家决策当局提供多少有价值的战略情报，其作战部队的侦察手段也较为单一。因此，开战后美军对情报机构进行了大范围的扩充，如陆军情报部在战争开始时，只有2名军官和2名文书，到1918年8月，美军将其人员增加到282名军官、29名士兵和949名文职雇员[2]。但是在战争结束后，美军情报机构又再次遭遇和战前相似的境遇，只能处于维持境地。

而同一时期，美国的信号情报工作取得较大发展。第一次世界大战前，由赫伯特·O.亚德利创办的"黑室"就开始从事密码破译工作。战争爆发后，"黑室"转隶到陆军情报部。虽然战后一度被保留，但是时任美国国务卿的亨利·L.史汀生却以"君子不拆阅他人信件"为由，拒绝提供资金援助，迫使"黑室"于1929年5月10日关闭，其密码破译任务转交给陆军通信兵"通信情报处"。但是鉴于信号情报工作的重要性，1930年4月，陆军又建立了独立于情报部之外的信号情报局，负责编制和修改陆军密码，截收外国的无线电通信，破译对方密码，成为陆军在信号情报工作中的核心机构。1922年7月，美国海军成立军种信号情报机构——海军作战部第20部G科[3]，通过其设在夏威夷、华盛顿等地的侦听站，截收日本的无线电通信信号，经过破译、分析获取有关情报。

这一时期，美军情报工作在整体上处于分散、游离状态，军事情报

[1]James P. Finley, U.S. Army Military Intelligence History: A Sourcebook (U.S. Intelligence Centre & Fort Huachuca, 1995), p.69.

[2] [美]拉塞尔·F.韦格利著：《美国现代陆军史》，林羿译，国防大学出版社1987年版，第107页。

[3] 刘宗和、高金虎主编：《第二次世界大战情报史》，解放军出版社2009年版，第26页。

机构以及政府部门情报机构相互隔离、独立工作，其搜集、处理情报的直接目的是用来满足本部门的需要，缺乏情报信息的交流和沟通，没有形成一套有效的协调机制，更谈不上真正意义的情报支援。美军情报工作出现这样的局面，主要原因有两点：一是美国建国后，长期没有严峻的外部威胁，加之外交奉行孤立主义，国防力量处在较低水平，军事情报力量也就被随之忽视。二是美国人普遍认为，战争是临时性的危机，情报力量可以随着武装部队的动员而临时扩建，没有必要在平时维持一个强大的情报机构。正是由于这些观念和看法，阻碍了美军情报工作的快速发展，但同时也促使一些有识之士开始思考如何加强统一协调，提高情报的利用率。

第二节　确立发展阶段
（20世纪40年代至70年代中期）

第二次世界大战爆发前后，面对日益紧迫的战争形势，为了满足各方面的情报需求，美国开始加快进行情报机构的改革，尝试建立协调性的情报组织。在战争爆发前的几个月，1939年6月，依据罗斯福总统机密训令，陆军情报部部长、海军情报部部长和联邦调查局局长组成"部际情报协调委员会"，定期举行会议交换情报并就有关问题进行讨论。在"部际情报协调委员会"的协调下，美军认识到情报活动，特别是对外秘密情报活动应该协调进行。于是，在1940年6月，罗斯福总统指示美国对外情报工作应该分开进行：联邦调查局承担西半球的对外情报工作，陆军情报部负责欧洲、非洲和巴拿马地区，海军情报部负责太平洋地区[1]，由此形成战前美国对外情报工作的基本格局。

美国情报机构分区域展开活动后，大量的情报协调问题使定期召开会议的方式逐渐不能满足美国政府的要求，因此，1941 年 6 月 22 日，美国成立了由威廉·约瑟夫·多诺万为局长的情报协调局。该机构的主要任务是协调、汇总有关国家安全的情报和资料，但对其他情报机构没有任何施加影响的权力。由于各部门间的利益之争，情报协调局的运转并不顺利，没有发挥应有的作用，对美军作战实施统一支援的情报工作还没有形成，随后的珍珠港事件也暴露了美国情报机构严重缺乏协调和交流的问题。

1941 年 12 月 7 日，日本海军舰队对美国驻珍珠港的太平洋舰队实施突然袭击，同时兵分多路对美、英、荷在太平洋上的属地发动进攻，太平洋战争爆发。由于日本事先进行了充分准备并实施了严密的保密、伪装和欺骗措施，更由于美国在战前的一系列战略误判和情报失误，导致美国海军在珍珠港事件中损失惨重。在事件后的调查中，美军意识到如果当时能够有一个情报机构，负责把各方面相互交错的情报进行整合分析，及时发送给决策者和作战部队，这种突袭应当不会得逞。

因此，美国参战后立即着手对情报机构实施重组，一批新的情报单位陆续成立。1942 年 2 月 11 日，英美联席参谋长会议发布命令，成立美国联合情报委员会，成员包括陆军情报部长、海军情报部长、助理国务卿、经济战部代表以及情报协调局局长，负责为参谋长联席会议提供情报，并在英美联席情报委员会中代表美国，与英方进行情报交流。1942 年 3 月，美军成立陆军参谋部军事情报协调局，人员大部分来自陆军情报部，主要承担军事情报的搜集、整理和分发，而陆军情报部则只负责政策咨询，不承担具体情报业务。同年 6 月 13 日，军事情报协调局被改组为战略情报局，职责是为参谋长联席会议搜集与分析战略情报，

---

[1] 约翰·兰尼拉格：《中央情报局》，潘世强、范道丰、李中、黄景让译，中国社会科学出版 1990 年版，第 39 页。

并在其指示下规划、执行特别行动。战略情报局的成立可以视为美国情报史上的一个里程碑，它是美国第一个具有中央协调性质的情报机构和第一个集中型的秘密情报机构，在第二次世界大战中发挥了极其重要的作用。

在战区层次，美军也加强了对军种情报组织的整合力度，建立了战区级的联合情报机构，支援陆军、海军实施的联合作战。1942 年，美国将太平洋战场分为两大战区：西南太平洋战区，包括澳大利亚、新西兰、菲律宾等地，由麦克阿瑟任司令；太平洋战区由尼米兹任司令。在西南太平洋战区，麦克阿瑟建立了一个联合情报局。该机构拥有谍报、航空侦察等情报搜集手段，负责所辖区域的对日情报工作。在太平洋战区，尼米兹也成立了类似的地区性联合情报机构——太平洋地区情报中心。该中心依靠战区其他情报力量进行搜集工作，由处理无线电情报、航空侦察情报和图像判读的科室组成，将战区各种来源的情报和信息汇集起来进行分析和评估，并将情报成果分发相关单位。美军以太平洋地区情报中心为模板，在荷兰港、布里斯班一直到关岛等地建立了一系列前沿情报中心。这些前沿情报中心和战区联合情报机构向太平洋美军各级司令部提供情报支援，共同构成了战区联合作战情报支援体系。美军认为，"这个专门生产各种情报产品的工厂促进了军种间以及计划和作战人员之间的合作，大大超出了单独战区情报部门能够提供的优势"[1]。

在第二次世界大战中，美军各种侦察手段不断发展并逐渐成熟。航空侦察、地面侦察、谍报、无线电侦察成为获取敌方情报的主要手段。其中，无线电侦察通过截收并破译敌方通信密码，使美军掌握了大量有关敌军动向、意图的战略情报。在珊瑚海海战、中途岛海战、诺曼底登陆、莱特湾海战等行动中发挥了至关重要的作用。马歇尔在中途岛海战胜利后，认为"由于破译了日军的密码，我们得以集中有限的力量击退日本海军对

---

[1] Lieutenant Colonel John C. Marchant , The Case for the Establishment of a Theater Joint Intelligence Center (Norfolk, VA: U.S. Armed Forces Staff College, 1948), p.15.

中途岛的进攻，否则，我们将在中途岛 3000 海里之外而坐失该岛"。[1]

第二次世界大战结束后，由于冷战（美国与苏联为主的政治、经济、军事斗争）的加剧，虽然美国政府一度撤销了战略情报局，但面对美国情报活动混乱和分散的局面，1946 年 1 月，杜鲁门总统又以原战略情报局核心部门为基础重新组建了中央情报组。1947 年 7 月，美国国会通过《国家安全法案》，设立了国防部、国家安全委员会，将中央情报组扩展为中央情报局。中央情报局是一个独立的综合性情报机构，它不仅从事情报搜集和集中分析，而且进行反情报活动和隐蔽行动，是美国国家级的中央情报机构。在随后的 1949 年至 1960 年，美国国家安全局、国家照片判读中心、国家侦察局陆续成立，分别负责信号情报、卫星图像分析、侦察卫星发射等工作。为了更好地协调军事情报工作，特别是战略层次的情报分析，美军在 1961 年成立了国防情报局，负责协调军事情报机构的情报搜集，并向参谋长联席会议提供情报和反情报支持。

在朝鲜战争和越南战争中，美军主要是依靠航空侦察和人力手段来获取必要的目标资料等情报。在仁川登陆中，当麦克阿瑟下定作战决心后，美军远东空军就从美国赖特空军基地空中照相实验室调来空中照相专家，协同第 5 航空队连续在预定登陆地区上空进行空中侦察，测定该地区的水文和天然障碍情况，并侦察目标区内的朝鲜人民军兵力部署、海防阵地编成与火器配备等情况。在越南战争中，美军动用包括 U-2 在内的各型侦察机对北越实施不间断的侦察监视，特别是在"滚雷"行动中，侦察机除了实施侦察外，还引导战斗机突击编队攻击清化大桥、杜梅大桥等目标，并进行轰炸效果评估。海军陆战队侦察人员还经常出入丛林，侦察北越军队的行踪。

但总的来说，美军情报支援行动在这两场战争中发挥的作用比较有限。在朝鲜战争中，虽然空军取得了制空权，但由于目标瞄准数据不够准确和武器性能不够优良，美军对中朝军队未能达到"隔离战场"的目的。

---

[1] 刘宗和、高金虎主编：《第二次世界大战情报史》，解放军出版社 2009 年版，第 214 页。

而在越南战争中，不但层层叠叠的丛林妨碍了空中监视，而且地面传感器的效果相互干扰，这使美军很难确定目标的位置，在付出了很高的代价后，轰炸仍未能完全实现目标。[1]

从第二次世界大战爆发到越南战争结束，美军情报支援工作处于较快的发展时期，主要成果体现在三个方面：一是中央情报局的建立和《国家安全法案》的通过，结束了美国情报系统长期以来各自为政、缺乏协调的局面，标志着美国现代情报体制的形成，提高了美军国家情报支援能力；二是战区联合情报机构的出现，使美军初步具备了将战区内各种搜集手段获取的情报和信息进行全源加工分析的能力，为建立战后真正意义的联合作战情报中心打下了基础，为更好地实施联合战役行动提供支持；三是随着各类新型情报侦察平台的投入使用，美军开始建立起遍布陆、海、空、天的情报侦察体系，情报获取能力得到较大增强，能够初步满足美军的战略情报需求。但同时，美军内部仍然缺少一个对联合作战进行总体支援的情报协调机构，难以将战略情报优势最大限度地转化为战役战术作战行动优势。

第三节　全面展开阶段
（20 世纪 70 年代后期至 90 年代初）

由于越南战争的失败，美军痛定思痛，认真总结、吸取越南战争的经验教训，并从第四次中东战争中得到启示，军事变革的帷幕就此拉开。

---

[1] 艾克·斯凯尔顿：《情报支援在美军空袭行动中的作用》，载《外国军事学术》1999 年第 7 期，第 62 页。

美军首先选择将作战理论作为改革的突破口，并以此牵引军事情报力量体系的建设和支援方法的发展。

通过对越南战争和第四次中东战争的深入研究，美军颁布了1976年版《作战纲要》，提出了对付苏军进攻的"积极防御"作战理论。该理论认为，美军应以诸兵种合成战斗队的形式作战，要在关键的时间和地点集中兵力，充分发挥火力在防御中的作用；同时强调美军应了解敌人、观察战场，"不仅仅是有精确的地图和充分的空中侦察就行了，更重要的是要懂得应该寻找什么和在什么时间寻找"[1]，并特别要求将侦察到的情报信息尽快传递给需要它的部队。美军认为，这种观察战场的方法是自越南战争以来经历的意义最深远的变化之一。

经过一段时间的讨论和酝酿，美军在1982年版的《作战纲要》中首次提出"空地一体战"理论，并在1986年版的《作战纲要》中进一步发展和完善该理论。"空地一体战"理论主要是针对苏军"大纵深立体作战"理论，强调用火力和机动力打击敌人的全纵深，阻止敌人后续梯队投入作战。为了保证对敌打击效果，美军提出要在作战双方的前方和后方地区积极运用各种侦察监视以及电子战手段，具备预见战场态势的能力。一般认为，"空地一体战"理论是美军联合战役的理论基础。同时，美军还在1982年版的《作战纲要》中明确提出了"战争的战役级"这一概念，从而首次正式把战争行动分为战略、战役和战术三级。

在"空地一体战"理论的指导下，美军开始重视研究情报支援理论，研制新型情报侦察装备。自20世纪80年代初开始，美军各军种陆续颁发了本军种的情报支援条令，如美陆军的FM34-1《情报与电子战行动》、FM34-25《军情报与电子战行动》、FM34-10《师情报与电子战行动》、海军的NWP12-9《海军战术情报》等。这些情报支援条令大多根据各军种在战争中可能担负的任务和发挥的作用，明确情报支援的原则、部队

---

[1] 詹姆斯·邓尼根、雷蒙德·马塞多尼亚：《从越战结束到21世纪初的美国军事改革》，何小东译，军事科学出版社2010年版，第106页。

编组、战术及技术。美军要求情报支援行动应符合"空地一体战"提出的"主动、灵敏、纵深、协调"四项基本原则，利用一切可利用的能力，满足部队遂行各种行动任务的需求。

1983年10月25日，美军对格林纳达发动登陆作战。此战是美军自越南战争后实施的首次联合战役，以空降作战、垂直登陆为主，充分体现了"空地一体战"的特点。在这次作战行动中，美军情报机构在战前利用卫星、高空侦察机等现代化的手段以及派遣特工，从空中和地面对格林纳达进行全面的战略侦察，监视格军动向，查明其部署，并绘制了作战地区的地形图和交通要图，较为详细地掌握了格林纳达的情况。但实际作战行动却证明，美军的情报支援存在一些缺陷和漏洞。例如，在解救美籍学生的战斗中，美军直到登陆后才知道大安斯学校还有美国学生，不得不动用第82空降师一部实施牵制作战，才使特种作战部队机降至学校附近，救出500多名美国学生。格林纳达作战的经验教训使美军认识到加强情报支援的重要性和迫切性，促使其加快改革建设的步伐，并在随后1986年的空袭利比亚和1989年的入侵巴拿马的作战中取得不错的战绩。

美军情报侦察手段在这一时期也取得了突破性的进展，各类情报侦察装备技术性能有了质的飞跃。侦察卫星的分辨率由12米提高到1米，具有一定的穿透能力，能够识别伪装，发现地下设施，并且种类丰富，将应用范围拓展到海洋监视和导弹预警。航空侦察手段进一步细化、多样化，高空侦察机、无人侦察机、专用电子侦察机、空中预警机的使用赋予美军对战场实施更为严密侦察监视的能力。地面传感器发展迅速，性能越来越好，如"远方哨兵"无人值守系统可监视半径为3千米的区域，3个终端设备经无线电联网后，监视区域可达84平方千米。此外，先进的数字技术也被应用在情报处理和传输领域，确保了情报分发的及时性。

1991年1月17日爆发的海湾战争可以说是美军联合战役情报支援发展历程的重要分水岭。在这场"沙漠风暴"行动中，美军充分实践了"空地一体战"战役理论，全面检验了新型武器系统，初步显示了空间优势、信息优势、精确打击的战略地位。尤其是在情报支援领域，美军大批量地运用各种先进侦察技术，构建了较为完备的多维情报侦察体系。1995年1月颁布的美军联合出版物——《美国武装部队的联合作战》指出，"沙漠风暴"行动是"应用联合战役法的成功范例"。美军情报支援工作在海湾战争中的突出表现主要集中在三个方面：一是侦察手段齐全多样，装备技术精良先进，各种情报侦察力量能够密切配合，相互印证；二是建立国家、战区、战术三级情报支援体系，在加强国家级情报机构对战区战役作战支援的同时，突出中央司令部联合情报中心计划、管理、协调战区所有情报活动的作用，情报支援模式初步实现由各军种"自主保障"向"交叉支援"转变；三是战场情报传输速度明显加快，特别是对"飞毛腿"导弹的预警时间达到 3 ~ 5 分钟，基本可以满足战役预警的要求。

20 世纪 40 年代至 70 年代中期是美军联合战役情报支援工作加速发展的时期，美军在理论创新、手段建设、体制完善以及实战运用等方面取得了令人瞩目的成就。尽管存在许多不足和问题，但也证实了在此之前近二十年改革发展方向的正确性，美军联合战役情报支援发展进入"快车道"。

第四节　改革转型阶段（海湾战争后至今）

海湾战争的实践进一步验证了美军在军事变革中形成的一个重要观点，即必须以联合作战的形式准备和进行战争。因此，海湾战争后美军的建设和发展主要是围绕如何提高诸军种联合战役作战能力展开的。情报支援作为提高联合战役作战能力的重要因素得到美军的高度重视，并在颁发的联合作战出版物和一系列重要指导性文件及规划中加以强调和明确。

自 1991 年 11 月，出版 JP1《美国武装部队的联合作战》条令起，美军陆续颁布了 100 多本联合出版物，JP2"情报"系列条令在其中占有重要地位。1993 年颁布、1995 年修订的《作战情报支援联合条令》是这一时期"情报"系列的纲领性出版物。它系统地阐述了美军联合作战情报支援的原则、目的、要求、组织和实施过程，将情报周期分为计划与指导、搜集、处理、生产、分发五个阶段，并规定了联合部队指挥官在情报支援行动中的职责。随后，美军又组织出版了《反情报作战支援联合条令及战术、技术与程序》《军事行动联合情报支援》《联合作战国家情报支援》《联合作战地理空间信息与勤务支援联合战术、技术与程序》等一系列情报联合出版物，形成了比较完善的联合战役情报支援理论体系。

以 1996 年 7 月美参联会（美国参谋长联席会议的简称，下同）公布《2010 年联合构想》为标志，美军开始全面规划未来联合作战的基本蓝图。在《2010 年联合构想》的基础上，2020 年 5 月，美军又颁发了《2020 年联合构想》，提出要把美军建设成一支"在所有军事行动中都能占据主导地位——平时使敌人不敢轻举妄动，战时能决战决胜，在各种冲突中表现卓越"[1] 的军队。新构想首次提出"凭借信息优势取得决策优势"的观点，并进一步明确指出，信息优势和情报预知能力是联合部队夺取全部优势的关键因素。能否取得信息优势和情报预知能力，关键在于情报支援体系完善与否。

秉持"情报能力必须与作战理论和作战样式相适应"的理念，美军采用系统集成的方法理论，优先发展作战空间感知能力。美军采取的主要措施有：扩大一线作战部队情报侦察力量编制，增强情报搜集、分析及分发能力，减少对上级情报支援的依赖；在对现有情报侦察装备进行

---

[1] 军事科学院外国军事研究部：《备战 2020：美军 21 世纪初构想》，军事科学出版社 2001 年版，第 185 页。

信息化改造的同时，大量研制信息战武器，使情报侦察系统与打击系统实现融合；继续加大对航天侦察、航空侦察等战略侦察手段的建设投入，不断提高情报侦察平台的技术指标；开发利用网络技术，实现各种情报支援系统的互联互通，确保情报信息的有效共享；提高对特种侦察等传统人力情报手段的重视，满足不同作战环境的特殊要求。

在 1999 年的科索沃战争、2001 年的阿富汗战争以及 2003 年的伊拉克战争中，美军在海湾战争后进行情报支援建设的成果得到了集中的体现。同时，这三场战争也检验了美军在不同战场环境、不同作战条件下，对不同样式的联合战役实施情报支援的能力。尽管取得了较好的效果，但是这并不能掩盖美国情报界及军队在情报搜集、情报分析、情报共享等方面存在的问题。例如，科索沃战争后，美军指出："国防部仍需进一步发展和完善联合情报处理的战术、技术与程序，并对远程情报传输需求进行相应的评估和量化。在制订情报传输需求计划时要将可资利用的情报系统和技术人员纳入其中。"[1] 因此，在伊拉克战争打响的同时，美国政府和军队开始对情报系统进行新一轮的调整和改革。

"9·11"事件后，美国国会和民众对情报系统提出严厉批评，独立调查委员会认为，美国现行的情报体系根本无法应付冷战后新出现的恐怖主义威胁，必须对情报部门进行重组。2004 年 12 月 17 日，经国会通过的《2004 年情报改革和预防恐怖主义法案》正式生效，从而开始了自1947 年中央情报局成立以来最大的一次情报改革。

根据法案，美国政府设立了国家情报总监，取代中央情报主任（由中央情报局局长兼任）统一管理美国情报界的 16 个情报机构。国家情报总监的职责主要是负责情报活动的策划、情报政策的制定以及情报预算的编制与分配，自身没有从事秘密行动的权力，情报活动依然通过相关的情报机构去执行。同时，新建了国家秘密行动部、公开来源情报中心、

---

[1] 军事科学院外国军事研究部：《科索沃战争：美国国防部关于联盟力量行动的战后审查报告》（上），军事科学出版社 2000 年版，第 94 页。

国家反恐中心、国家反情报执行办公室等一批情报机构，设立了国防情报主任，负责协调军事情报机构与情报界其他机构的关系，从而整合情报界的搜集、分析和反恐力量，共享情报资料，形成一个整体。

在美军内部也对组织机构进行了一系列调整。2003年3月11日，美国国防部设立了专门负责情报事务的副部长，取代负责指挥、控制、通信与情报事务的助理国防部部长，将军事情报工作及其改革置于重要的地位。主管情报工作的副部长身兼双重角色，既负责协调国防部所有的情报与反情报事务，领导国防情报局、国家地理空间情报局、国家安全局和国家侦察局等单位，又担任国防情报主任，协助国家情报总监，加强对国防部所属军事情报机构的协调。2006年2月，美国空军将主管情报事务的主官级别由助理参谋长提升至副参谋长，并将其管辖范围由情报事务拓展至情报、监视与侦察三个领域。2007年6月8日，美空军又将空中作战司令部下辖的空军情报局扩编为直属空军参谋部的空军情报、监视和侦察局（Intelligence, Surveillance and Reconnaissance，ISR），成为空军ISR副参谋长领导下的战场作战机构。在战区情报机构调整中，2006年4月，美军宣布在各作战司令部及驻韩美军司令部内各设立一个联合情报行动中心，以更好地实现作战与情报的无缝连接。

2008年3月，在组织机构调整基本到位的情况下，美国国防部发布了《国防情报战略》。2009年9月，国家情报总监办公室发布了《国家情报战略》。这两份战略指导性文件分析了当前美国的战略环境和面临的挑战，明确了情报工作的目标和途径，对美国情报界未来的工作进行了规划。其中，《国防情报战略》提出在作战中，情报支援应为每个用户量身定做一个通用情报作战态势图（Common Intelligence Operational Picture，CIOP），使处于一线的作战部队既能得到国家和战区情报机构的支援，又能向上级或更高层次的情报机构提供情报信息。《国家情报战略》则在总体目标中以"支援维护国家安全的行动"加以强调。可以预见，随着美军情报支援组织体制的健全、方法手段的完善、武器装备的更新，其联合战役情报支援水平必将发生新的飞跃。

总的来说，美军联合战役情报支援虽然经历从无到有、从松散到集中协调、从平面单维到立体全维的曲折发展过程，但在演进的过程中，后一阶段既是前一阶段的延续，又是前一阶段深入发展的必然结果。每一次的革新和调整都是为了适应新的作战环境和战役需求，也带来了作战能力的不断提升，充分表现出极强的灵活性和适应性。也许正是由于这种特征属性，使美军情报支援乃至"美式"联合作战成为世界各国军队仿效、参考、借鉴的对象。

第三章　美军联合战役情报支援的原则要点

情报是指我们对敌人和敌国所了解的全部材料，是我们一切想法和行动的基础。[1]

——［德］克劳塞维茨

美军认为，经过情报理论升华和行动经验总结而成的基本原则，是有效和成功实施联合作战情报支援的重要基础，适用于各个等级战争中的所有军事行动。这些基本原则既要遵循联合作战的一般原则，受其制约，又要集中反映情报支援在联合作战大背景下的自身特点和任务要求。任何参与情报支援的军种或机构都要遵循这些原则，并用这些原则指导各自的各种情报支援行动。美军在2013年版JP2-0《联合情报纲要》中，规定情报支援的原则为：多维视角、同步性、坦诚、统一行动、主次分明、优质情报产品的标准、预测性、灵敏性、协作性、融合性。这些原则目的明确，要求具体，可操作性很强。在联合战役层面，就其情报支援本质含义而言，主要集中体现在以下五个要点：全程支援，同步实施；主次分明，突出重点；统一行动，全面协调；灵敏反应，积极应变；理性分析，全源融合。

---

[1]　克劳塞维茨：《战争论》，中国人民解放军军事科学院译，解放军出版社1994年版，第78-79页。

第一节　全程支援，同步实施

在联合战役筹划与实施中，情报支援的重要作用是毋庸置疑的，它对于联合战役的各个方面都是至关重要的。作为六大联合职能之一，情报适用于联合作战的所有行动，必须与作战其他要素密切配合，形成整体合力。因此，美军认为情报支援必须贯彻"全程支援，同步实施"的原则，在联合战役的全过程不间断地为指挥官和作战部队提供各种形式的情报信息，支持其决策和行动。同时，在情报支援与作战计划、行动之间以及情报支援工作内部应实现协调、同步，将情报与作战最大限度地加以整合，促使其发挥更加积极的作用。

一、情报支援要贯穿整个战役作战始终

美军强调，在联合战役的各个阶段，提供及时、准确、连续的情报支援是取得作战胜利特别重要的前提条件。联合部队指挥官及其参谋机构、作战部队的决策、计划和行动无时无刻不依赖情报的支持。因此，情报支援应贯穿联合战役的全过程，而且必须先于作战行动展开。只有这样，才能保证联合战役各个阶段各种行动的顺利实施，使美军牢牢掌握战场主动权。

美军认为，在联合战役计划制订阶段，情报机构除了要根据作战目的制订自身行动计划外，还要及时提供各种情报和信息保障联合战役计划的制订，包括为应急计划提供动态威胁评估、判断敌人可能采取的行动、制定优先情报需求建议清单等工作。这些工作应能够确保满足作战计划所需最基本的资源需求，并有效减少因情报搜集、分析和整理能力不足带来的风险。在多国联合战役行动实施阶段，国家情报组织和战区情报

力量应及时与东道国或多国伙伴建立双边或多边情报共享机制，适时进行情报威慑行动，实时、持续地侦察、监视敌军动向，同时预测和满足后续阶段各种行动中的情报需求。各级情报组织在进行情报支援时还应注重随时为部队行动提供反情报支援，加强对关键部门和重要行动的防护。

在强调联合战役要实施全程情报支援时，美军还重点指出情报评估的重要作用。美军认为，"及时、持续的评估对于衡量联合部队完成任务进展情况是必不可少的"[1]。情报机构应在战略、战役、战术三个层次展开评估活动，协助指挥官评估敌人的能力、弱点和企图，对作战行动效果进行估量和判断，并会同作战计划部门确定后续行动。

二、情报支援要与作战计划和作战行动步调一致

为了及时满足指挥官决策过程中的情报需求，美军认为，"必须使情报与计划和作战行动步调一致"[2]，要求所有情报资源和手段的运用都要在时间、空间和目的上与作战计划和作战命令保持同步，决定情报行动实施时机和顺序的主要因素应是作战计划和作战命令需求。只有实现情报支援与作战计划和作战行动的步调一致，才能将各种情报力量最大限度地运用于对联合战役成败起决定性作用的时间和地点。

为了实现情报与作战计划和作战行动的有效整合与同步，美军强调应加强三个方面的工作：一是情报部门及情报参谋人员必须尽早参与到作战计划的制订工作中，并在所有行动方案和计划的推演和分析中发挥积极作用。要使指挥官尽可能全面地了解作战环境与敌方情况，在拟订方案和制订计划期间提供不间断的各种情报。情报部门还应评估现有的

---

[1]　美军 JP2-0《联合情报纲要》，2013 年版，第 128 页。[R/OL].(2013-10-22)
[2014-11-05].https://militarydictionary.org/source/joint-intelligence/.
[2]　美军 JP2-0《联合情报纲要》，2013 年版，第 58 页。[R/OL].(2013-10-22)
[2014-11-05].https://militarydictionary.org/source/joint-intelligence/.

情报搜集、分析和利用方面的能力和需求，使指挥官了解联合部队自身的情报资源和手段是否能为计划进行的行动方案提供足够的支援。二是为情报行动预留时间。美军认为，"在试图实现情报与计划和作战行动同步的过程中，最常见的问题是没有给情报整理和作战决策预留足够的时间"[1]。因此，联合部队指挥官、联合参谋部作战处和计划处应与情报部门协作制定一个满足情报需求的期限，以便情报部门有充足的时间搜集、处理、分析和分发所需的情报，为决策和制订计划提供及时的支援。三是指挥官应通过确定优先情报需求、己方行动方案以及作战进程中预期决心点，使情报部门明确支援的重要时间、空间、事件和行动，以便情报行动能在关键时刻将关注点落在恰当的事件上，从而以情报用户的身份来推动情报与作战计划和作战行动的同步。

三、情报支援中各种行动要同步连续实施

"同步意味着在同一时间要做多项事情。"[2]美军联合战役情报支援的组织实施是按照"情报流程"概念进行的。美军认为，情报流程是由六类相互关联的情报行动组成，即计划与指导、搜集、处理与利用、分析与整理、分发与整合、评估与反馈。"每类情报行动中的活动是与其他各类情报行动中的活动同时、不间断地实施的"，并且"在许多情况下，各类情报活动几乎同时进行，或可能完全省略"[3]，各级和各类情报行动之间的协同与整合是促进情报行动发挥最大效能的重要保证。

美军指出情报支援中的行动同步主要包含三个方面的内容：一是同

---

[1] 美军 JP2-0《联合情报纲要》，2013 年版，第 58 页。[R/OL].(2013-10-22)[2014-11-05].https://militarydictionary.org/source/joint-intelligence/.

[2] 美国陆军 FM3-0 野战条令《作战纲要》，2008 年版，第 90 页。[R/OL].(2008-03-22)[2013-06-04].https://www.gloalsecurity.org/military/library/policy/army/fm/.

[3] 美军 JP2-0《联合情报纲要》，2013 年版，第 24 页。[R/OL].(2013-10-22)[2014-11-05].https://militarydictionary.org/source/joint-intelligence/.

时进行各类情报行动。情报流程中的六类行动在本质上没有实施的先后次序，"各类情报行动并没有严格的起始或结束的界限，并非所有的情报行动都必须经过完整的情报流程才算完成"[1]，它们在时间上可以平行推进。例如，在进行图像情报申请时，"计划与指导"和"评估与反馈"两种行动就可以同步进行。情报计划人员提出图像情报需求的同时，图像情报申请也可直接送达情报整理部门，由其对以前搜集和利用的图像进行评估，以确定是否能够满足需求。二是情报行动要同时在战争各个级别展开。美军要求，情报支援中的各种行动要在上至战略级的国家情报力量下至一线战术单位同时实施。国家情报力量实施谍报、航天侦察等战略情报行动的同时，战区情报力量应围绕联合战役目的，计划、组织和实施各种战役级情报行动，而作战部队建制内情报力量则针对当面之敌实施战术级的情报行动。三级情报行动在完成各自任务的同时，还要加强协同和配合，实现目的一致和资源优化。三是各级各类情报行动要持续实施。各级情报机构实施支援时应保持行动的连续性，要能够在通信严重受限或暂时中断的情况下提供不间断的支援。同时，在完成当前或某一阶段任务后，要能及时转换关注重点，力求掌握敌方最新情况，确保己方拥有信息优势。

第二节 主次分明，突出重点

虽然美军拥有世界上绝大多数国家的军队所不具备的强大情报搜集、分析与分发能力，但受国家安全战略和作战目标影响，其作战地区大多

---

[1] Joint Publication 2-01, Joint and Intelligence Support to Military Operations (U.S. Joint Chiefs of Staff,2004),pp. Ⅲ-2.

位于美国本土以外，情报支援行动受到作战环境的较大制约，情报需求巨大与情报资源相对不足之间的矛盾始终存在。同时，美军认为，"作战行动对情报的需求总是会超出情报能力"[1]，因此，在制订情报计划和分配情报资源时，要求各级情报机构根据任务的重要程度以及指挥官的指示，分清主要支援任务和次要支援任务。通过对需求和资源的优先排序，突出情报支援的重点对象和重点内容，以集中有限的力量予以重点支援，力求形成压制优势，确保达成联合作战目的。这既是情报支援的原则，也是联合战役中"集中"原则和"节约兵力"原则的要求和体现。"主次分明，突出重点"具体体现在满足指挥官需求、搜集分析重点和需求优先排序三个方面。

一、以满足联合部队指挥官需求作为情报支援的首要任务

美军认为，情报支援的基本目的主要有六项，即支援联合部队指挥官[2]，识别、明确和提交目标，支援作战行动的计划和实施，应对敌方的欺骗和突袭，支援己方的欺骗行动，评估作战行动效果。其中，支援联合部队指挥官位于情报支援目的首位。美军要求，情报支援必须为联合部队指挥官确定目标、制订计划、实施行动、评估效果提供直接支援。特别是在作战行动实施过程中，为了保持主动权，情报机构应利用各种手段和方式，持续、实时地监视敌军的行动，为联合部队指挥官及时决策和重新调整部署奠定基础。对于联合部队指挥官提出的情报需求，情报机构应尽全力满足。当本级情报力量不能满足联合部队指挥官需求时，则要及时协调上级情报机构，动用国家、战区级别的情报力量进行支援。

美军将满足联合部队指挥官需求作为情报支援首要任务的原因主要

---

[1]　美军JP2-0《联合情报纲要》，2013年版，第63页。[R/OL].(2013-10-22) [2014-11-05].https://militarydictionary.org/source/joint-intelligence/.

[2]　美军认为，联合部队指挥官泛指经授权对一支联合部队实施作战指挥（指挥权）或作战控制的作战司令部司令、下属联合司令部司令或联合特遣部队司令。

有两个方面：一方面，联合部队指挥官是实现国家战略和作战目标的关键环节，他通过实施联合战役行动和协调军事力量及其他力量的行动来完成军事指挥当局所赋予的任务，联合战役的方方面面都与其有着直接或间接的关系。可以说，联合部队指挥官是联合战役的核心和灵魂。情报支援理所当然应该全力满足其需求。因此，在海湾战争和伊拉克战争中，中央总部司令始终是各级情报组织支援的"第一人"。另一方面，与军种部队指挥官和战术级指挥官相比，联合部队指挥官由于所处的层次更高、作用更大、工作环境更复杂，情报需求的数量和质量也随之增长和提高。在情报资源有限的情况下，首先保证联合部队指挥官的需求也是符合突出支援重点的要求。

二、以敌人能力和企图作为搜集分析的重点内容

美军认为，"判定敌人的企图是情报工作面临的最大挑战"[1]。在联合战役中，由于敌对双方指挥官和部队不断进行决策和机动，作战环境变得异常复杂，"战场迷雾"也在一定程度上无法消散。要夺取并保持作战主动权，必须透过各种表象特征，深入了解敌人的思维方式，在了解敌人能力的同时，要突出掌握敌人的企图，这样才能够使联合部队指挥官先于敌方了解战场未来可能的态势和走向，把握作战重点，帮助其及时制订应对方案和采取有效反制措施。

在战略层面，美军强调搜集关于敌人可能在何时、何地、以何种手段或力量对美国国家安全和国家利益或盟国利益产生影响的情报信息，并在掌握大量情报信息的基础上，分析敌人采取行动的原因、方式及后果。在战役层面，美军强调应关注敌人的军事能力和企图，密切监视联合部队指挥官关心地域内的敌军动向，帮助指挥官判定对手实施作战行动的

---

[1]　美军 JP2-0《联合情报纲要》，2013 年版，第 53 页。[R/OL].(2013-10-22)[2014-11-05].https://militarydictionary.org/source/joint-intelligence/.

时间、地点和样式。在分析敌人企图时，情报支援机构和人员要着重识别、判断敌人的重心和重要节点，从而使美军可以有效运用各种能力和手段快速而又决定性地打击对战局发展起关键作用的目标。甚至在战术层面，美军情报活动的主要目的也是搜集并识别一线作战部队对面敌人的实力、意图和弱点。美军作战部队经常遂行反恐、反暴乱等稳定行动，战术级情报支援行动则要越来越关注来自恐怖分子、暴乱分子的威胁。美军认为，情报人员应重点分析行动地区内民众和各种势力对美军的态度及其对美军行动的影响，以及哪些势力或个人是敌人可以动员或利用的。指挥官通过运用这些情报能够判明谁是敌人、敌人有怎样的能力、在何处能找到敌人，并以此为依据拟制行动方案和区分作战部队作战力量，为美军顺利完成既定行动任务创造条件。

三、以需求优先排序作为情报资源分配的主要依据

美军认为，由于在联合战役中各参战军兵种和各种国家支援力量所具备能力和发挥作用不同，因此对情报的需求也各不相同，并且各类情报需求有可能引起资源分配的不足和冲突。故而，必须通过确定最重要的任务以及对情报需求进行优先排序来解决需求与资源之间的矛盾。"进行优先排序就是要明确哪些情报需求更为重要"[1]，在制订情报计划和分配行动资源时，要对优先情报需求予以充分保障。同样，一些不具备优先权的需求可能就会被暂时搁置或取消。

在对情报需求进行优先排序时，美军强调应注重三点：一是以联合部队指挥官的指示和作战需求作为优先排序的主要根据。情报参谋人员应充分了解指挥官被赋予的任务和作战意图，判明已知的与可能担负的情报任务，并以此提出情报优先权建议，在指挥官的指导下完成情报需

---

[1]　美军JP2-0《联合情报纲要》，2013 年版，第 63 页。[R/OL].(2013-10-22)[2014-11-05].https://militarydictionary.org/source/joint-intelligence/.

求优先排序工作。二是情报计划部门和情报参谋人员应与情报用户进行积极的协调与合作。在分配情报资源过程中，各情报用户出于完成自身任务原因，大多极力强调各自情报需求的重要性和迫切性，都希望能够得到情报部门最大的支援。情报计划部门和情报参谋人员应不断与情报用户进行交流和协作，了解情报用户承担的任务，并将其情报需求逐步细化，与情报用户共同判明当前需求与今后需求的性质和关系，选择出对作战行动起关键作用的情报需求。同时，优先排序还应随着作战行动的进展适时调整，及时掌握情报用户的需求状态，取消先前的优先情报需求，或者制定新的优先情报需求。三是优先排序要努力实现资源分配的优化。美军认为，"国家情报、监视和侦察资源的分配应与《国防情报分析计划》确定的优先顺序和作战司令部的优先情报需求保持一致"[1]，这是实现资源优化分配的基础。通过对需求进行优先排序，可使各情报用户之间的关系由"竞争对手"转变为"团队伙伴"，利于用户之间的全面合作，这将大大提高情报支援的整体能力和效率。

第三节　统一行动，全面协调

从作战实践和理论发展上看，各种参战力量围绕共同目标实施一致的行动是美军联合战役一贯强调的重点和始终追求的目标。美军认为，对战争的胜利需求要求把所有的行动集中于实现共同的目标。对于联合战役情报支援而言，就是要"通过合作和明确共同利益进行协调，以达

---

[1]　美军 JP2-0《联合情报纲要》，2013 年版，第 64 页。[R/OL].(2013-10-22)[2014-11-05].https://militarydictionary.org/source/joint-intelligence/.

到预期的最终状态"[1]，这对有效的情报支援行动是必不可少的。"统一行动，全面协调"着重强调的是国家、军队和多国情报力量的所有手段的协调一致运用，即"对情报行动、功能和系统进行协调、同步和整合，并实现互相操作"[2]，减少情报流程中不必要的冗余和重复，从而优化情报行动。这一原则适用范围不仅包括军事情报力量的行动，也包括非军事情报机构的行动；不但包含美国情报力量的行动，而且包含盟国和临时联合体的情报支援行动；既是对情报搜集工作提出的要求，又是情报分析、分发等工作应当共同遵循的原则。

一、情报支援体系应目标明确，综合一体

美军认为，达成行动统一的基本前提是各种情报力量，特别是国家级和战区级情报力量要对联合战役情报支援实现的总目标有明确、统一的认识。在联合部队指挥官作战地域内行动的所有情报组织，包括多国情报机构，都必须明确并接受作战司令部所确立的情报支援的行动预期效果、支援目标和行动最终状态，甚至要对作战指挥官关于联合作战的战略意图和作战目标充分理解。美军力求通过对行动目标的统一理解达成支援思想的统一，进而促进行动的统一。在情报支援行动中，各级各类情报组织要紧密围绕支援的总目标制定本单位行动的具体目标及评估其预期的结果和影响，要确保自身的情报行动符合并有助于实现支援的总目标。同时，各单位的具体行动目标应能够随着作战进程的发展而不断调整更新，为联合部队指挥官提供及时、准确的情报支援。

在明确支援目标以后，各级各类情报组织应迅速构建联合战役情报支援体系。在构建过程中，美军强调，"在联合部队指挥官作战地域内

---

[1] 美军JP2-0《联合情报纲要》，2013年版，第62页。[R/OL].(2013-10-22)[2014-11-05].https://militarydictionary.org/source/joint-intelligence/.

[2] 美军JP2-0《联合情报纲要》，2013年版，第62页。[R/OL].(2013-10-22)[2014-11-05].https://militarydictionary.org/source/joint-intelligence/.

行动的所有建制和配属的情报力量，以及所有支援联合部队的国家级和战区级情报资源应被整合成一个可互相操作的'无缝'整体"，"这种做法可以使联合部队指挥官和情报参谋人员协调相应的情报行动，以满足联合部队的情报需求"[1]。这实质上是美军联合作战原则中"集中"原则在情报支援领域的延伸和拓展。因为只有将各种情报力量凝聚成一种整体力量，才能在情报资源总量相对有限的情况下，发挥出最大的行动效益。更重要的是，由于各级各类情报力量被整合成一个整体，可以在很大程度上促进情报信息的及时共享。这不仅能够将情报信息快速传递给情报用户，而且可以实现不同来源的情报信息的相互印证和融合，确保情报支援的质量。

二、各种支援力量应全面协调，加强配合

参与联合战役情报支援的力量和资源多种多样，怎样充分发挥各种力量、资源的能力和作用，在统一行动中显得尤为重要。美军认为，在情报支援行动中，协调各种支援力量至关重要，尤其是在跨机构和多国情报支援中更是如此。在联合战役行动中，许多情况下需要政府机构、非政府机构、盟国或临时联合体参与情报支援。而这些组织和机构既不是配属给联合部队的指挥官，也不是作战司令部建制内的单位，与美军情报体系没有直接隶属关系。在这种情况下，通过统一指挥的方式实现各种力量的聚合是不现实的。只有通过派驻代表、组建联合情报行动中心等方式加强全面的协调配合，才有可能使情报支援发挥整体作用。

在协调配合中，美军主要强调三个方面：第一，注重发挥各级协调机构的作用。美军为了对各种支援力量进行全面协调，在国家级、战区级分别组建了国防部联合情报行动中心和战区联合情报行动中心以及各

---

[1]　美军 JP2-0《联合情报纲要》，2013 年版，第 62 页。[R/OL].(2013-10-22) [2014-11-05].https://militarydictionary.org/source/joint-intelligence/.

种支援力量派驻机构。联合部队指挥官在接受情报支援时，应主要通过协调机构向各种情报机构或组织提出申请和需求，以获得自身不具备的情报能力和所需的情报产品。第二，要进行及时的沟通。各种情报机构、组织和人员应在支援过程中尽可能进行及时的沟通和交流，了解其他支援机构的能力、需求和运行方式，要就支援的目标和效果进行讨论和反馈。如有可能，相关单位之间还要建立可靠的通信联络，特别是分属不同机构的情报分析人员在协作中更要利用诸多的时机和方式进行交流。第三，尽快消除冲突和障碍。美军认为，在协调过程中出现不同情报机构或组织之间的冲突是不可避免的。有些冲突和障碍是由文化、技术、面临的威胁等因素造成的，而有些则是军种或部门利益作祟。不管出于什么原因，协调机构和情报参谋人员都应使用一切方法尽快消除冲突和矛盾，如制订协调预案以应对可能出现的问题等。

三、不同情报手段、资源应突出优势，发挥特长

美军认为，要实现"统一行动，全面协调"，还应注重发挥不同情报手段和资源的优势，形成多种情报门类互相补充。美军所指的情报手段和资源不仅是指侦察手段，还包括情报分析、情报分发、情报协调和交流等行动涉及的内容。在联合战役中，尽管联合部队指挥官能够得到诸如空间侦察、技术侦察、全源分析、情报交流等多种手段的支援，但由于作战环境的日益复杂和不确定性，每种方式手段都有其适用的范围，情报机构和情报参谋人员在制订情报计划、分配情报资源、协调情报力量实施行动时，应着重考虑到每一种手段、资源的局限和特点，要突出其优势和长处。在战略层面，要重点发挥美军在航天、谍报、信号分析等方面的作用；在战役层面，要突出特种侦察、情报协调和交流的优势；在战术层面，则要充分发挥一线战斗部队能够提供大量实时目标信息的长处。

同时，在情报搜集、处理、分析、分发和评估的每一过程中也要突出不同手段、资源的优势和长处。美军特别强调，在进行情报分析过程

中尤其要利用不同分析资源的特长。美军认为，"从本质上来说，情报是不完美的"[1]，有可能受到各种干扰和误解，"避开这些障碍并获得更高真实度的最佳途径是与其他分析人员和专家磋商，征询他们的意见，特别是那些外单位的机构"[2]。不同的分析资源在某些特殊领域或专业拥有独到的能力，对各类情报问题能从不同的角度提出见解，可以促进全源情报的融合。因此，美军认为没有经过多种手段协作分析产生的情报充其量只是单维和片面的，是不够准确的。

第四节　灵敏反应，积极应变

　　面对瞬息万变的作战环境，怎样确保己方军队夺取并保持作战主动权，是联合战役情报支援面临的重要问题。对此，美军非常强调情报支援在面对战场突发事件时应做到灵敏反应、积极应变，就是要"能够十分迅速地转移关注重点，运用各项必要的技能处理当前面临的新问题，同时还能继续从事先前的重要工作"[3]。实质上，就是要灵活适应不断变化的新情况。美军认为，这不仅指反应的速度，而且指应变的时机；不仅体现在情报支援的方法上，而且体现在情报产品形式和人员思想方面；不仅在紧急事件发生时要灵活敏捷，而且要提前有所准备，做好预测。

---

[1]　美军 JP2-0《联合情报纲要》，2013 年版，第 71 页。[R/OL].(2013-10-22)[2014-11-05].https://militarydictionary.org/source/joint-intelligence/.

[2]　美军 JP2-0《联合情报纲要》，2013 年版，第 71 页。[R/OL].(2013-10-22)[2014-11-05].https://militarydictionary.org/source/joint-intelligence/.

[3]　美军 JP2-0《联合情报纲要》，2013 年版，第 70 页。[R/OL].(2013-10-22)[2014-11-05].https://militarydictionary.org/source/joint-intelligence/.

只有贯彻这一原则，才能够对随时变化的作战形势和情报需求做出有效反应，以比敌人更快的速度适应作战环境，扩大己方行动的选择自由。

一、立足实战准备是基础

美军认为，"无论起因是军事上的突发事件还是政治上的要求，作战环境和用户情报需求方面的突变往往使情报部门没有进行反应和恢复的时间"[1]。这就要求联合部队指挥官和情报部门提前为可能发生的紧急情况做好准备和组织工作，特别是战前要按实战要求进行人员配备、装备列装和部队编组。

美军强调，"提高灵敏程度的过程需要进行预先计划和长时间的准备"[2]。对于联合部队指挥官来说，"实现灵敏从根本上说是一项长期工程"[3]，而立足实战准备不是一蹴而就的，而是要持之以恒。联合部队指挥官作为将情报与作战行动有机结合的主要负责人，应始终致力于提高情报机构的能力，尤其是对先进技术和人员培训要给予高度重视，使其在实施情报支援行动时具备足够的能力。对于情报机构而言，一是应制订情报行动预案，针对可能发生的事件拟订多个行动方案和应急计划，以便在执行任务之前或期间能根据情况变化和行动需要，选择最佳行动方案或启用应急方案；二是要做好情报信息积累、武器装备与人员配备工作，应有目的性、针对性地加强对现实或潜在威胁地区、领域的情报搜集和分析工作，要按战时标准管理情报组织和人员，缩短体系转换时间，提高快速适应能力；三是要经常对平时建立的各种情报资源、方法和体系加以模拟演练，使情报组织和人员熟悉应对各种情况的程序和方法，

[1]　美军JP2-0《联合情报纲要》，2013年版，第70页。[R/OL].(2013-10-22)
[2014-11-05].https://militarydictionary.org/source/joint-intelligence/.

[2]　美军JP2-0《联合情报纲要》，2013年版，第71页。[R/OL].(2013-10-22)
[2014-11-05].https://militarydictionary.org/source/joint-intelligence/.

[3]　美军JP2-0《联合情报纲要》，2013年版，第70页。[R/OL].(2013-10-22)
[2014-11-05].https://militarydictionary.org/source/joint-intelligence/.

找出其中的不足并进行纠正，确保适应不断变化的作战环境。

　　美军情报支援立足实战准备的作用在阿富汗战争中体现得较为明显。尽管从 2001 年 9 月 11 日美国遭受恐怖袭击至 10 月 7 日战争发起，只有短短 26 天的准备时间，但美军情报部门迅速启动应急计划，利用多种手段对塔利班和"基地"组织目标实施情报侦察，并及时与相关国家建立情报共享、交流机制。特别是美军特种作战部队在"9·11"事件发生后的第三天，就在战区司令部指挥下秘密进入阿富汗境内，实施战场侦察、目标监视等先期特种侦察任务 [1]。美军迅速而有效的行动与情报部门立足实战准备有着直接关系。

二、加强预测预见是前提

　　美军认为，"保持紧急情况下的灵活反应能力需要具备相当高的警惕性和预见能力" [2]，在做好应急准备的基础上，加强对作战形势和情报需求的预测预见就成为对新情况做出及时、有效反应的关键。美军强调的预测预见主要指两个方面：一方面，情报部门要能准确判断敌方的意图和能力，并尽可能详尽预测其下一步的行动方案，为己方部队采取有效应对措施提供支持，这种支持无论是对正常作战还是应急行动所起的作用都是无法估量的；另一方面，情报部门也要预见己方情报用户下一步的决心和可能采取的行动，通过提前推测其情报需求，为自身调整部署、实施支援行动节约时间。同时，美军认为预测预见必须建立在可靠分析的基础上。在预测分析时，情报人员应依靠可信的证据和征候，借助诸如联合作战情报准备程序等工具和方法，大胆预测敌方未来的行动和企图。如果没有足够的信息作为预测依据时，情报人员也必须使指挥官了解预测结果的缺陷并预做好准备。

---

[1]　《阿富汗战争研究》，解放军出版社 2004 年版，第 33 页。

[2]　美军 JP2-0《联合情报纲要》，2013 年版，第 70 页。[R/OL].(2013-10-22)[2014-11-05].https://militarydictionary.org/source/joint-intelligence/.

美军指出情报应具有预见性，"预测性情报不是一门准确的科学"[1]，"进行预测性分析既有难度也有风险"[2]。由于在分析过程中要大量处理不完整的信息，而且还经常受到敌人欺骗的干扰，因此，预测分析的失误率较高，被预测的事件未必发生。"分析人员若预先成功地进行预测性分析并准确判断出敌手的意图，就会为指挥官和参谋机构提供无法估量的帮助"[3]。因此，美军认为情报人员应勇于承担风险，积极主动地进行预测分析，并向指挥官说明每种预测结果的可能性，由指挥官决定采取何种应对方案。

三、灵活应变是关键

在联合战役情报支援中，无论是强调实战准备，还是做好预测预见，要达到"灵敏反应，积极应变"最终还是要落实并体现在对各种突发事件的灵活应变上。因此美军认为，"情报体制、方法、数据库、产品和人员都必须具备足够的灵活性和适应性，以适应作战形势、需求、优先顺序和战机的不断变化"[4]。

美军强调灵活应变应具备三个方面的要素：一是行动的快速与及时。情报机构和人员要能够在事态发生变化时，思维敏捷，及时转变情报支援关注重点，对突如其来的事件迅速做出反应，果断采取行动，快速适应作战环境。同时在预测敌我双方意图、需求的基础上，对指挥官提出的新的优先情报需求，能够及时予以最大限度的满足。二是拥有灵活选

---

[1] 美军JP2-0《联合情报纲要》，2013年版，第70页。[R/OL].(2013-10-22)[2014-11-05].https://militarydictionary.org/source/joint-intelligence/.

[2] 美军JP2-0《联合情报纲要》，2013年版，第69页。[R/OL].(2013-10-22)[2014-11-05].https://militarydictionary.org/source/joint-intelligence/.

[3] 美军JP2-0《联合情报纲要》，2013年版，第69页。[R/OL].(2013-10-22)[2014-11-05].https://militarydictionary.org/source/joint-intelligence/.

[4] 美军JP2-0《联合情报纲要》，2013年版，第70页。[R/OL].(2013-10-22)[2014-11-05].https://militarydictionary.org/source/joint-intelligence/.

择各种情报资源和行动方式的能力。情报机构应具备在各种作战环境条件下遂行任务的手段与方式，能够在某种情报资源受限或既定计划被迫改变的情况下，根据指挥官需求和具体实际，及时转换行动方式或启用新的情报来源，必要时整个情报支援体制也要随之调整。三是要发挥个人的主动性。灵活应变的目的是夺取、保持和利用情报支援的主动权，而实现这一目的在很大程度上要依赖于个人的主动性。美军认为，发挥个人的主动性应"在没有命令、现有的命令不再适应当前情况，或者出现不可预测的机会或威胁时，积极自发地采取行动"[1]。情报人员特别是一线情报侦察人员，更应抓住稍纵即逝的战机，在把握行动总体目标和效果的前提下，随机应变，大胆采取行动。指挥官和情报机构也要赋予下级单位和人员机断行事的权利。

第五节　理性分析，全源融合

在联合战役情报支援体系中，美军拥有众多情报搜集与分析力量和手段，直接服务于战略战役决策和战役的实施，取得了较好的效果。但如何进一步提高情报分析质量，使之更加符合客观实际，一直是美军情报系统乃至美国情报界重点思考的问题。美军认为，这需要情报搜集与分析人员坚持职业道德，从多个角度系统、理性、客观地分析有关敌人的信息，要善于利用各种来源的情报信息并加以融合，最终形成能够真正帮助指挥官决策和部队行动的情报产品。"理性分析，全源融合"既

---

[1]　美国陆军 FM3-0 野战条令《作战纲要》，2008 年版，第 90 页。[R/OL].
(2008-03-22)[2013-06-04].https://www.gloalsecurity.org/military/library/policy/
army/fm/.

是每个情报人员应该遵守的准则，又是确保情报支援质量和效益的重要保证，也是美军对近期几场局部战争特别是伊拉克战争中情报工作经验教训的深刻总结。

一、多维视角

情报分析是一个复杂的系统工程，分析人员需要运用多种方法，考虑多方面因素，对大量真伪混杂的情报资料进行综合判断。美军强调在分析过程中，情报人员必须运用多维视角和系统观的思想方法来指导工作。多维视角要求情报分析人员不仅要站在己方的立场考虑问题，还应站在敌人的角度思考问题，要想方设法去了解敌人的思维过程。在向指挥官提出行动建议时，情报分析人员要经常以换位思考的方式自问"敌人会怎样看待此次行动，敌人会做出什么样的反应"。情报部门应重视运用假想敌"红队"参与分析。"红队"由训练有素且精通对手装备、战术和思维习惯的美军专家组成，要充分发挥他们模仿敌人的作用。美军认为，与敌人换位思考的能力源自对敌人目的、意图、能力、行动方式、弱点以及文化、宗教、历史、价值观等方面深层次的了解，情报人员应培养并不断提高这些方面的能力。

"联合部队指挥官的作战环境是由对作战能力的运用有影响并且与指挥官决策相关的态势、环境和影响因素等构成的"[1]。美军认为，情报分析人员在全面了解作战环境时，要自觉运用系统观的方法，对构成作战环境的所有要素进行全局性的把握；要将敌人视作整个作战环境的子系统，重点分析敌人与其他子系统之间的关系，并判断影响其运行的系统组成要素；不仅要理解作战环境内装备、部队、设施等实体节点对系统整体功能发挥的"硬性"影响，而且要掌握社会、人文因素对作战的"软

---

[1] 美军JP3-0《联合作战纲要》，2006年版，第104页。[R/OL].(2006-9-17)[2008-04-15].https://www.jcs.mil/Doctrine/.

性"影响。这种系统分析，不仅有助于情报分析人员认识己方、敌方和中立方之间连续而复杂的互动关系，找出敌军的重心和行动的决定点，而且利于情报人员制订行动方案和预测敌人未来的活动。

二、忠于事实

基于对伊拉克战争中情报操纵事件和"情报政治化"思想的反思，美军在《联合情报纲要》中着重强调了坦诚，即忠于事实的理性分析。美军认为，"忠于事实的坦诚必须成为情报工作的标志。这是情报分析和报告的最基本要素，同时也是在情报用户那里建立信誉的基础"[1]。忠于事实理性分析主要可以通过两种途径达到：一是具有道德和勇气；二是避免思维定式和偏见。

美军强调，"忠于事实的坦诚需要有道德勇气，这样才能抵住压力而不会得出没有事实依据的情报结论"[2]。情报分析人员要能够独立思考问题，如实地解释和陈述事实，要有勇气承认判断失误并能及时改正或调整先前的判断结论。情报人员要力戒引导或操纵情报的搜集、整理分析和使用，避免为了迎合预期的结果而失去情报的准确性，特别是不能为了取悦上级而盲目附和、支持决策者偏好的假设。情报人员应始终牢记"情报是决定政策的因素之一，而政策不得决定情报"。

美军同时认识到，当情报人员通过个人直觉、经验、判断来分析问题时，容易产生思维定式和偏见。而思维定式和偏见一旦形成，分析人员就会倾向于选取与已有观念和标准符合或接近的信息，并忽视或放弃那些不一致的信息，这就可能会造成情报分析失误。因此，"客观的情

---

[1]　美军JP2-0《联合情报纲要》，2013年版，第59页。[R/OL].(2013-10-22)[2014-11-05].https://militarydictionary.org/source/joint-intelligence/.

[2]　美军JP2-0《联合情报纲要》，2013年版，第59页。[R/OL].(2013-10-22)[2014-11-05].https://militarydictionary.org/source/joint-intelligence/.

报应不带偏见、不被扭曲和不含会引起偏见的判断"[1]，"情报分析人员应采取积极的措施来认识和避免会影响分析工作的认知偏见"[2]。美军要求情报分析人员应始终防止自己在对一系列事实的理解上陷入僵化，必须不断对情报进行评估，加强对所获新信息与已知情况的比较；还要注重独立思考，不能因过分追求取得与团队一致的结果而放弃对其他可能性的分析。同时美军强调，情报分析人员在向指挥官汇报分析结果时要说明哪些结论是有可靠事实支持的，哪些是根据已有事实推断或拓展的，必须使指挥官明了"什么是事实，什么是观点，什么是未知情况"。

三、融合印证

克劳塞维茨在《战争论》中指出，"战争中得到的情报，很大一部分是相互矛盾的，更多的是假的，绝大部分是相当不确实的"[3]。这就要求情报人员除了具备一定的辨别能力外，还要善于利用各种信息和情报来源进行对比印证，确保情报的准确性。为此，美军强调，情报机构和人员要运用多源融合的思想，"尽可能从最广泛的来源获取信息"[4]，"从而对被探测活动得出尽可能完整的评估"[5]。

美军认为，在搜集情报时，要拥有多种情报来源，充分发挥各类情

[1]　美军 JP2-0《联合情报纲要》，2013 年版，第 67 页。[R/OL].(2013-10-22)[2014-11-05].https://militarydictionary.org/source/joint-intelligence/.

[2]　美军 JP2-0《联合情报纲要》，2013 年版，第 59 页。[R/OL].(2013-10-22)[2014-11-05].https://militarydictionary.org/source/joint-intelligence/.

[3]　克劳塞维茨：《战争论》，中国人民解放军军事科学院译，解放军出版社 1994 年版，第 71 页。

[4]　美军 JP2-0《联合情报纲要》，2013 年版，第 72 页。[R/OL].(2013-10-22)[2014-11-05].https://militarydictionary.org/source/joint-intelligence/.

[5]　美军 JP2-0《联合情报纲要》，2013 年版，第 72 页。[R/OL].(2013-10-22)[2014-11-05].https://militarydictionary.org/source/joint-intelligence/.

报手段、方法之间的互补性优势，必须保持情报搜集的灵活性，不能过于依赖某种特定的情报手段或情报系统，防止被敌方的反情报活动利用或遭敌方欺骗。同时，搜集力量还需要一定冗余，以便当某种搜集能力丧失或出现失误时，能够利用备份或补充力量予以弥补。在情报分析时，要尽力汇集包括人力情报、图像情报、测量与特征情报、信号情报以及公开来源情报等所有信息来源的资料，对某一问题进行综合研判，各种来源的情报资料可以互相补充、互相印证。这样形成的情报产品能够避免依赖单一情报来源而产生的偏见。美军甚至认为，"融合全源情报所产生的情报产品是对一项活动所能获取的情况最准确和最完整的描述"[1]。

美军在《联合情报纲要》中论述多源情报融合的重要性和必要性时，还特别着重强调了第二次世界大战时"黄金雨"行动的经验教训。1945年1月，纳粹德国空军对位于比利时的盟军机场实施了代号为"黄金雨"的突袭，造成数百架盟军飞机损失。在事后的评估中，美军情报部门发现：在德军袭击前，信号情报部门通过通信截听，指出德军将会发起进攻，但没有获得更多关于进攻的信息。与此同时，人力情报也获得了有关描述"黄金雨"行动的审讯报告。然而，由于两方面的情报并未汇总，即使已经发出预警也没有引起足够的重视，导致出现较大损失。美军引用这一战例的目的就是要说明，多源情报的融合对提高情报的准确度、完整性以及使用效益起着至关重要的作用。

---

[1] 美军JP2-0《联合情报纲要》，2013年版，第73页。[R/OL].(2013-10-22)[2014-11-05].https://militarydictionary.org/source/joint-intelligence/.

第四章　美军联合战役情报支援的力量构成

　　侦察永远也不会有足够的时候。在作战之前、作战期间和作战之后都应使用一切现有手段去实施侦察。侦察的报告必须是事实，而不是看法；既有积极的也有消极的。[1]

——［美］巴顿

　　美军联合战役情报支援力量体系的范围相当广泛，从各级战斗部队的侦察监视分队到国家情报组织都是支援力量体系的一部分。美军认为，"在多数联合作战行动中，联合部队指挥官除了需要军事情报外，还需要作战环境中诸如经济、信息、社会、政治、外交、历史背景、人性因素等非军事方面的情报，以及其他类型的情报"[2]。因此，为了满足作战需要，美军形成了上至国家级"情报界"，下至部队级情报分队数量众多、职责明确的联合战役情报支援组织机构，它们是美军成功实施联合战役情报支援的重要基础和支柱。

---

[1]　乔治·S.巴顿：《巴顿将军战争回忆录》，陈锋、李福崇译，解放军出版社2005年版，第297页。

[2]　美军JP2-0《联合情报纲要》，2013年版，第74页。[R/OL].(2013-10-22)[2014-11-05].https://militarydictionary.org/source/joint-intelligence/.

第一节 国家战略级情报支援力量

美国国家战略级情报支援力量主要由 16 个机构组成,也称为"情报界",按照职能性质可分为军事情报机构和非军事情报机构两类。军事情报机构包括国防情报局、国家地理空间情报局、国家安全局、国家侦察局和各军种情报机构。其中,国防情报局还负责管理联合参谋部情报部和国防部联合情报行动中心。非军事情报机构包括中央情报局、国务院、能源部、联邦调查局、财政部、海岸警卫队、国土安全部和禁毒署,涉及政治、经济、能源、反恐等所有非军事领域情报。

一、军事情报机构

美国情报界的军事情报机构中有 4 个是国防部直属的情报单位,另外 4 个为陆、海、空、海军陆战队情报机构。国防部部长和负责情报事务的副部长在情报、监视与侦察 (ISR) 一体化委员会和军事情报委员会的协助下,对军事情报工作进行监督和管理。

(一)国防情报局

国防情报局是美国国防部为各级联合部队提供国家级情报支援的重要领导和协调机构,是国防部情报计划、搜集、生产的主要单位,在危机时和战时可动用所有国防部情报机构的分析资源为美军联合作战行动提供支援。国防情报局的支援行动遍布广阔的军事领域,包括反情报、反恐、禁毒、医疗情报、人力情报、大规模杀伤性武器反扩散任务支援、联合国维和与联军支援、人员营救与战俘/战斗失踪、导弹与空间情报、非战斗撤退行动、目标选定与战损评估。其主要职责包括：为国家领导人、联合部队指挥官提供全源情报分析成果，管理、协调国防部所有的人力情报资源和需求，负责联合参谋部情报部和国防部联合情报行动中心的运行，负责国防部测量与特征情报和技术情报活动的计划、协调和实施，行使反情报与安全职能，为反恐、防止大规模杀伤性武器扩散、维和、保护国防重点设施等军事行动提供情报支援，负责情报信息系统的维护与开发，等等。国防情报局下辖7个处和1个联合军事情报学院，并有构成指挥部门的参谋机构，分别是联合参谋部情报部、分析处、人力情报处、测量与特征情报技术搜集处、信息管理处、对外关系处、行政处。

国防情报局在美军联合战役情报支援机构中的重要作用主要是通过其下属的联合参谋部情报部和国防部联合情报行动中心体现的。这两个机构是美军联合战役在国家级情报支援行动中的主要指导者和协调者。鉴于其重要地位，具体情况将单独介绍分析。

（二）国家地理空间情报局

国家地理空间情报局前身是美国于1996年成立的"国家图像与测绘局"，但其可以追溯到1961年美国艾森豪威尔总统授权建立的"国家照片判读中心"。当时该中心利用高空侦察机和卫星拍摄的照片进行影像分析，情报人员通过分析判读发现大量有价值的情报，苏联在古巴部署的导弹就是由国家照片判读中心识别的。冷战结束后，美国将整个国家的测绘和影像分析部门合二为一，建立了"国家图像与测绘局"，负责为军事指挥当局和行动部门提供战略、战术图像情报支援，并同时满足国家决策层及其他非军事部门对图像情报的各类需求。2003年11月24日，国家图像与测绘局正式更名为国家地理空间情报局，接受国防部和中央情报局的双重领导。因此，它既是美国情报界的要害部门之一，也是重要的作战支援机构，担负情报界和军事部门的双重支援任务。

国家地理空间情报局的主要职责是为用户提供及时、准确的地理空间情报，包括图像情报、地理空间信息、源于测量与特征情报的图像以及气象和海洋数据信息等。在联合战役中，它主要是以向联合参谋部、作战司令部、国防部和国家机构派出地理空间情报支援小组的形式，实现其对作战决策的情报支援。虽然与国防情报局相比，国家地理空间情报局的职能比较单一，但地理空间情报是美军最重要的情报优势之一，这就决定了国家地理空间情报局在美军联合战役情报支援中的重要地位，它也被美国政府称为"地球之眼"。

（三）国家安全局

国家安全局是美国信号情报和国家信息系统的安全部门，专门负责监听、破译外国密码和编制美军和美国政府部门使用的密码。虽然其编制隶属于国防部，但实际上在大多数情况下直接受美国总统和国家安全委员会领导，具有较大的独立性。国家安全局对联合作战的支援主要体现在通过破译敌方密码、监听敌方通信，获取信号情报；管理国家安全电信与信息系统，提供通信和信息系统加密和防护；整合、协调与盟国的信号情报活动三个方面。在对联合部队进行情报支援时，国家安全局一般采用派驻小组、联络官和代表的方式。例如，国家安全局驻国防部密码代表就负责为国防部、参联会、国防情报局、各军种部队提供密码支援和建议；国家安全局下属国家安全行动中心的特别支援机构（Sector Supporting Assistance，SSA）可为联合部队指挥官提供情报分析、语音保密、威胁预警等多种支援。在伊拉克战争中，国家安全局驻中央司令部代表就作为该战区信号情报领导者，协调国家安全局在战区的情报行动，并充当汤米·弗兰克斯的密码特别顾问。

（四）国家侦察局

国家侦察局负责整合天基侦察技术，统管美国空间侦察系统的设计、开发、采购和运作，为美国情报界安排卫星侦察计划，重点通过卫星进行图像和信号情报的搜集[1]。国家侦察局建制属于国防部，但实际上由美国空军和中央情报局共管，其局长由空军副部长兼任。与国家安全局不同，国家侦察局只负责空间侦察系统特别是侦察卫星的日常运行和操作维护，搜集图像和信号情报是其绝大部分工作。它将获取的情报资料提供给中央情报局、国家安全局、国防情报局以及各军种情报机构和作战司令部，由这些用户对影像情报进行分析和判读，并与其他来源的情报进行对比印证。

（五）各军种情报机构

（1）陆军情报机构主要是指美国陆军部下属的陆军情报与保密司令部，由主管情报的陆军副参谋长领导，依靠所属的国家地面情报中心、信息作战司令部以及军事情报旅（大队）为战略和战役指挥官以及陆军军以上单位提供图像情报、测量与特征情报、信号情报、反情报、战役战术人力情报等支援。其中，国家地面情报中心负责分析和分发有关敌军地面部队的动向情报和装备系统的能力参数等数据信息。

（2）海军情报机构指的是隶属于海军作战部的国家海上情报中心和海军保密大队司令部。前者由海军情报局、海军信息战行动司令部、海岸警卫队情报协调中心、海军刑事调查局和海军陆战队情报处分遣队共同组成，为海军部队搜集、分析情报提供支援；后者领导美国海军的电子技术侦察部队，主要负责搜集密码和信号情报，行使监听、侦收、破译的职能，并对海军舰队以上单位提供情报支援。

（3）空军情报机构主要设在空中作战司令部，空军作战中心，空军情报、监视与侦察局，负责情报的搜集、分析和整编，为战区联合空中部队提供包括敌方空间与空中威胁、信息作战等方面的情报。其中，监视与侦察局统一管理指导空军的情报、侦察和监视活动，下辖国家航空

---

[1]　杰弗里·里彻逊著：《美国情报界》，郑云海、陈玉华、王捷译，时事出版社1988年版，第12页。

航天情报中心、情报监视与侦察中心、空军技术应用中心、空军密码办公室、第 70 情报联队与第 480 情报联队，兼管空军国民警卫队 3 个情报联队业务，负责为国家决策者、战区指挥官和任务部队提供持续有效的情报、监视与侦察能力。同时，空军特别调查办公室作为空军主要的反情报机构发挥作用。

（4）美国海军陆战队司令部情报处是陆战队的主要情报机构，它是在陆战队司令部情报主任的领导下开展工作的。该处主要负责为海军陆战队的作战部队提供情报支援，并就情报分析、整理等活动与海军情报局进行协调和联络。

（六）联合参谋部情报部

联合参谋部情报部既是国防情报局的主要组成部分，也是参联会下属联合参谋部的一部分。它主要在国防情报局其他部门的配合下，为参联会主席、联合参谋部、国家军事指挥中心和各作战司令部提供不间断的情报支援和全球预警。在危机爆发时，它可以根据形势利用国防情报局的力量组建情报工作小组或情报特遣部队，对国家军事指挥中心进行直接支援。在联合战役行动中，联合参谋部情报部可以将作战司令部的情报需求和建议转达上级部门。同时，作为联合战役情报支援国家层面的协调者，联合参谋部情报部还负责与作战司令部、国防部联合情报行动中心共同协调、落实参联会主席有关情报工作的命令及相关单位的兵力申请。

（七）国防部联合情报行动中心

国防部联合情报行动中心是整合和协调军事情报能力和国家情报能力的主要情报机构，负责计划、准备、整合、指导、协调和管理国防部所有支援作战司令部的情报行动。可以说，它是美军联合战役情报支援在国家战略层级活动的"焦点"，是连接诸多国家级情报机构与联合部队指挥官之间的"纽带"。国防部联合情报行动中心在联合战役情报支援中的职能可以概括为以下三项。

一是组织、计划与协调。规范和实施情报计划制订流程，协调情报计划制订活动，为作战司令部制订联合战役计划提供支援；协调各作战司令部和国防部情报机构的情报需求，并对其进行优先排序；协调国防部所属情报机构和国家情报机构的情报支援行动；与联合参谋部、作战司令部、战斗支援机构和提供情报资源的实施行动单位共同制订情报支援行动的备用方案。二是判断、评估和提出建议。判断和评估国防情报任务，确定其中可能存在的风险，提出规避、缓解的方法，并就情报资源的重新优先排序和调配提出意见；对情报支援行动中有冲突的情报需求和临时需求进行评估。三是管理和监督。负责管理国家情报支援小组，使其能够及时为作战司令部提供合适的国家级全源情报；监督各项情报支援行动的执行情况。

此外，美国战略司令部负责情报、监视与侦察的联合职能部队司令部[1]虽然不是情报界成员之一，但其负责计划、整合并协调国防部全球情报、监视与侦察战略；与国防情报局、国家安全局、国家侦察局、作战司令部、各军种机构进行协调，确保国家级监视与侦察活动和战区监视与侦察活动一致；向作战司令部联合情报行动中心提供人员、装备、情报产品等方面的直接支援。

二、非军事情报机构

美军认为，"联合作战行动要求不仅掌握作战环境中军事方面的情况，还要了解非军事方面的情况"[2]，而在许多情况下，仅靠国防部的情报机构难以满足联合部队遂行任务的需求。因此，情报界中非军方成员机构

---

[1]　根据有关资料，该机构已在 2007 年 10 月与国防部联合情报行动中心合并，其职能得到一定程度的加强。

[2]　美军 JP2-0《联合情报纲要》，2013 年版，第 81 页。[R/OL].(2013-10-22) [2014-11-05].https://militarydictionary.org/source/joint-intelligence/.

在联合战役中提供的支援具有重要作用。其职能主要集中在两个方面，一是以人力、公开来源、反情报等手段获取各种形式的情报、信息，为国家指挥当局和联合部队指挥官提供战略情报支援。二是以提供分析人员、情报产品等形式直接对担负联合作战任务的指挥官和部队进行支援。

（一）中央情报局

根据美国 1947 年《国家安全法案》建立的中央情报局是美国最重要的人力情报搜集和全源情报分析的国家级情报机构。它拥有目前世界上最庞大的情报体系和先进的技术设备，涉及政治、军事、外交、经济、文化、反恐等各个领域，其核心任务是为确保美国国家安全向总统及其他领导层提供准确、及时、全面的战略情报。

在中央情报局众多的机构中，有三个部门在联合战役情报支援过程中发挥着非常重要的作用。一是军事事务处。"作为中情局负责军事支援的唯一联络点，军事事务处负责谈判、协调、管理并监督中情局军事行动支援方面的工作"[1]。该局派往国防部、参联会和作战司令部的代表可以直接与军事事务办公室进行联系，确保联合作战中国家级情报支援的有效实施。二是公开来源情报中心。该中心是美国从事公开情报资料搜集的主要机构。通过对全世界"210 个国家、73 语种大约 2350 种出版物、331 家广播电台、153 家电视台、112 个新闻机构、70 种互联网资源和 40 种数据库"[2] 等公开信息资源的监控，公开来源情报中心能够为美军搜集、生产与作战相关的政治、经济、军事、科技等情报信息。三是

---

[1] 美军 JP2-01《联合与国家情报对军事行动的支援》，2004 年版，第 115 页。[R／OL].(2004-10-07)[2010-11-09].https://militarydictionary.org/source/joint-intelligence/.

[2] 美军 JP2-01《联合与国家情报对军事行动的支援》，2004 年版，第 116 页。[R／OL].(2004-10-07)[2010-11-09].https://militarydictionary.org/source/joint-intelligence/.

国家秘密行动部。该部主任由中央情报局行动处处长兼任，负责规划美国人力情报搜集方针，对秘密搜集和隐蔽行动进行协调和指导，提高人力情报工作对联合作战的支援力度。

（二）国务院

美国国务院的情报支援功能主要是通过情报与研究局和政治军事事务局体现的。情报与研究局并不直接从事情报搜集活动，它负责分析和整理涉及政治、经济、军事、反恐等领域广泛的课题研究，为美国对外政策以及国际安全形势研究提供决策分析参考和早期预警。在某些情况下，情报与研究局还参与同指定的外国情报机构代表进行情报交流。政治军事事务局则主要负责国务院与国防部等军事机构的协调。这两个部门的情报职能主要集中在为美国国家领导人制定安全政策提供依据和建议方面。

（三）能源部

美国能源部的情报职能主要由不扩散与国家安全办公室承担，负责分析有关外国能源政策和防扩散的信息，对全球军事和民用核能活动进行监视，评估世界主要军事大国的武器试验能力、效果以及核恐怖主义威胁，为美国政府和军队提供有关方面的威胁预警和情报支援。

（四）联邦调查局

联邦调查局隶属于美国司法部，主要负责在美国国内实施反情报和反恐行动，具有情报搜集和情报分析双重任务。美国国内任何机构或组织开展反情报活动必须与联邦调查局进行协调。同时，该局为了遂行制止外国反情报、恐怖主义活动等任务，还在海外许多国家建有联络点，但其在海外执行反情报活动必须与中央情报局进行协调。

（五）财政部

美国财政部的情报与分析办公室负责搜集、分析、分发有关外国经济、财政和金融方面的情报资料，并与国务院一起就外国总体经济信息的公开搜集活动进行合作和配合，为国家领导人和军事指挥官提供有关敌方经济活动和实力的情报支援。

（六）海岸警卫队 [1]

海岸警卫队是美国武装力量的一部分，平时由国土安全部领导，战时由国防部指挥。在联合战役中，海岸警卫队主要依靠其下属的大西洋和太平洋海上情报整编中心、情报协调中心、调查处和国家反应中心为国家指挥当局、作战司令部、各级联合部队提供海上情报支援，包括人力情报、信号情报、地理空间情报、测量与特征情报和反情报等支援。其支援对象涵盖战略、战役、战术各个层次，表现出海岸警卫队完备且强大的情报搜集与分析能力。

（七）国土安全部

"9·11"事件后，鉴于国内严峻的反恐形势和政府各机构职责的条块分割、信息不畅，美国根据小布什总统的建议新成立了国土安全部，旨在加强对恐怖主义和一些不可预知的非对称性袭击的防范与应对。美国国土安全部下属的信息分析与基础设施保护委员会有权征用包括联邦调查局和中情局在内的几个情报机构的资源，汇总来自中情局等部门的情报，分析美国关键性基础设施的安全隐患，评估美国本土面临的恐怖威胁，为国家反恐中心提供情报分析成果。

---

[1] 虽然海岸警卫队具有军事组织的性质，是美军基本作战力量之一，但在JP2-0《联合情报纲要》（2007年版）中，美军将海岸警卫队明确归为"情报界的非军方成员机构"，为了客观反映美军情报支援情况，所以本书也将其列入非军事情报机构中进行分析研究。

（八）禁毒署

司法部禁毒署虽然是美国缉毒执法和调查活动的领导机构，但其下属机构国家安全情报局却是美国情报界 16 个成员之一。它依靠遍布世界各地的办事处，搜集和分析涉及毒品生产、走私和交易的信息。在联合战役中，国家安全情报局除了为联合部队指挥官提供自身搜集到的情报外，还可以利用平时形成的跨国情报交流合作机制，从总体上弥补情报支援的某些不足与缺陷。

第二节　战区战役级情报支援力量

战区战役级情报支援力量是美军联合战役进行情报搜集、处理和利用的主要载体，纵向联结战略级和战术级情报支援体系，横向协调多国和跨机构情报活动，可以说是纵、横联系的焦点，也是各级情报机构在联合战役中进行支援的重点。在这一级情报机构中，既有隶属于战区的建制单位，又有配属的临时支援单位。它们紧密围绕各级联合部队指挥官的作战目标和任务，协调、利用各种情报资源，满足不同的情报需求。

一、作战司令部联合参谋部情报处

作战司令部是美国国家指挥当局按战区或职能建立的指挥机构，其下属的联合参谋部情报处是协助战区指挥官确定战区战略、制订行动和战役计划、分配协调情报力量的主要机构。

作战司令部联合参谋部情报处的主要职责包括：一是分析作战环境的所有相关方面，提供敌情威胁评估和预警；二是全程参与所有决策和计划工作，辅助指挥官筹划和实施战役；三是制订战区情报行动计划和构想，编写详细的情报附件，包括联合部队指挥官的优先情报需求和支援信息需求、情报部队和资源的分配与限制情况，以及运用战区外情报支援力量的方法等；四是整合国家级和战区级情报组织和产品，使其与联合部队的情报力量融合为一个整体；五是利用作战部队搜集战斗情报，特别是利用特种作战部队实施特种侦察，满足优先情报需求；六是组织持续的情报行动，确保在通信受限或中断的情况下，情报组织仍能提供不间断的支援；七是建立联合情报体系，要在制订情报计划的过程中完成组织设计，在力量部署之前确保其完善；八是保持情报分发渠道的畅通，在符合保密规定的前提下，确保情报信息的完整性和高效传递。

此外，美军各作战司令部下属联合司令部、联合特遣部队的情报部门的职责与联合参谋部情报处相似，其职责范围主要限定在本级联合部队之内。

二、作战司令部联合情报行动中心

作战司令部联合情报行动中心是"为联合部队提供战役和战术层面支援的主要情报机构"[1]。与国防部联合情报行动中心负责整合、协调国家级情报机构类似，作战司令部联合情报行动中心在联合参谋部情报处的指导下，负责将国家情报支援力量、各军种支援机构和作战司令部所属情报力量融为"无缝连接"的一体，确保各级联合部队能够及时获得国家情报力量和战区全源情报的支援。从某种意义上说，作战司令部联合情报行动中心是美军联合作战情报支援力量体系在战区战役级的"中枢"，是"处理与确认情报需求申请、战区内情报分析、生产和分发的唯一部门"[2]。

作战司令部联合情报行动中心是根据作战司令部指挥官的需求和指

---

[1]　美军 JP2-0《联合情报纲要》，2013 年版，第 86 页。[R/OL].(2013-10-22)
[2014-11-05].https://militarydictionary.org/source/joint-intelligence/.

[2]　美军 JP3-05.1《联合特种作战特遣部队行动》，第 165 页。[R/OL].(2003-12-17)[2010-10-18].https://www.jcs.mil/Doctrine/.

令组建的,设计比较灵活,可以根据局势发展和情报需求进行扩编或缩编。它的主要职责包括:一是建立战区情报、监视与侦察构想,与联合参谋部情报处一起对战区情报力量进行动态管理,并协调使用战区内所有传感器;二是指导战区情报计划的制订,协调战区搜集计划;三是向国家情报机构驻司令部代表和下级情报部门提出情报需求,协调与各级情报机构的支援,满足本级司令部、下属联合部队和下属部队司令部的情报需求;四是实施全源情报分析和处理,验证上级、下级和友邻提供的评估报告;五是与联合参谋部的计划与作战部门协调,确保情报与计划、作战行动协调一致。这些职责大多属于行动筹划范畴,主要是针对作战司令部情报支援需求多样化、多层次、需求量大、活动复杂、融合度高的特点。这些职责明显具有行动筹划和情报分析双重色彩。

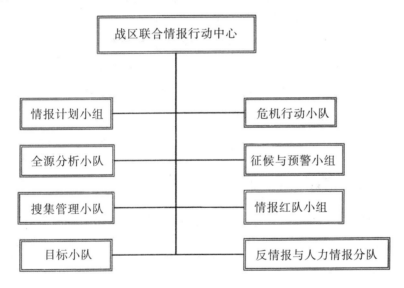

图 4.1　战区联合情报行动中心典型构成

概言之,美军联合情报行动中心的职责可分为四类:协调、管理、验证战区内情报工作;与联合参谋部其他部门协调,以增强情报支援效能;申请战区外的情报支援;提供直接满足战区司令部司令需求的情报分析。

但美军同时强调,联合情报行动中心应以最适合满足本司令部情报需求的形式组建,作战司令部有权规定联合情报行动中心所需的授权和军事人员及资源分配。各战区司令部可以根据各自工作的重点，自行决定联合情报行动中心的构成。例如，太平洋战区联合情报行动中心由于更加强调跨机构的情报合作，专门设置了四个地区协调处。

三、联合特遣部队联合情报支援分队

在作战行动初期，为了加强下属联合部队参谋部的情报力量，下属联合部队指挥官可以视情况自行决定组建联合情报行动中心或是联合特遣部队联合情报支援分队，并确定后者的规模和编成。联合特遣部队情报处规定联合情报支援分队的职能和职责，很多情况下，一些特定的职责由两者共同承担。

联合特遣部队联合情报支援分队向上可以为作战司令部联合情报行动中心、联合部队参谋部提供支援，向下可以为联合特种作战特遣部队和军种单位提供情报支援。它主要在联合部队情报处的指导下，负责联合作战地域内的情报搜集、分析与处理，协调上级、下级以及支援单位的情报机构活动。其中，联合情报支援分队包括若干分析专家和分析小组，人员来自国家和战区相关情报机构，重点为指挥官提供经过全源分析的作战情报。

四、国家情报支援小组

在危机或应急行动时，美国国防部联合情报行动中心可以在作战指挥官的要求下，向已完成部署的联合特遣部队、军种组成部队派出一支国家级全源情报组织——国家情报支援小组。它是由来自国防情报局、中央情报局、国家地理空间情报局等国家级机构的情报分析人员和通信专家组成的，其中包括地理空间情报小组。国家情报支援小组主要担负联合特遣部队、军中组成部队司令部或作战司令部一级的情报活动，向指挥官提供专业的情报分析、征候与预警、评估、目标确定等方面的情报支援，并为联合部队访问国家数据库、管理信息中心申请提供服务和便利。国家情报支援小组是美军为联合特遣部队提供情报支援的临时性组织。当危机演变为大规模作战行动时，国家情报支援小组通常被联合

情报支援分队取代。

五、联合部队司令部快速反应小组

在危机或应急行动中，联合部队司令部可以应作战司令部请求，在24小时内向战区部署快速反应小组以提供情报支援。该小组由情报分析人员组成，主要向联合部队指挥官提供两个方面的支援：一是目标定位情报；二是搜集管理。快速反应小组将被纳入战区情报体系，由受援司令部根据需要决定该小组在战场上的位置，既可以单独配置在作战司令部或联合特遣部队以及军种组成部队司令部内，也可以编入联合情报行动中心，与其他情报支援单位一起共同发挥作用。

六、联合空间支援小组

联合空间支援小组是美军战略司令部根据战区作战指挥官的申请，向作战司令部派出的有关空间情报支援的单位。该小组按任务进行编组，通常包括作战人员和情报人员，必要时也编入通信和预警专家，是一个小型的作战与情报一体化机构。它可以通过连接战略司令部的情报资料数据库，为各级联合部队司令部和下属军种组成部队司令部直接提供有关空间信息与导弹的目标情报和作战支援。

七、联合后备情报中心

联合后备情报中心虽然是一个联合的情报整理与训练机构，但其利用信息网络将预备役情报人员与各作战司令部、各军种和战斗支援机构紧密联系起来，在联合作战行动中，提供人员和情报产品方面的支援。所以，美军认为联合后备情报中心可以看作"作战司令部联合情报行动中心下辖的卫星成员"[1]。

---

[1]　美军 JP2-0《联合情报纲要》，2013 年版，第 92 页。[R/OL].(2013-10-22)[2014-11-05].https://militarydictionary.org/source/joint-intelligence/.

八、联合缴获器材利用中心、联合文件利用中心、联合审问与汇报中心

美军认为，对缴获的敌方武器装备、文件资料以及俘虏进行分析和审问，能够获取战术、战役、战略各个层次的情报，对联合部队达成作战目标乃至实现国家安全战略都具有十分重要的意义。因此，当作战司令部或下属联合司令部需要此类支援时，通常经过作战司令部联合情报行动中心向国防部联合情报行动中心提出申请，由后者协调国防情报局和各军种情报机构组建，并直接配属到作战司令部，接受作战司令部指挥官和联合特遣部队指挥官的指挥。

第三节　部队行动级情报支援力量

部队行动级情报支援力量是指美军联合部队编成内的各军种组成部队建制内或配属的情报单位，既有军种组成部队司令部的情报参谋机构，又有作战一线的情报部（分）队。它们主要是通过自身的情报活动生产有价值的情报资料，满足本级部队的情报需求，也根据指令对作战司令部、联合部队等上级或友邻提供支援。有时，为了弥补能力不足，部队情报机构还接受上级和友邻各种形式的情报支援。

一、陆军作战部队情报支援力量

美国陆军作战部队按编制大小依次为战区陆军（集团军）、军、师、旅（团）、营、连及连以下分队，平时大多建有健全的情报部、情报处、情报科和情报部（分）队，战时再进行灵活编组。当前，美国陆军正在进行模块化改造，突出战区陆军、军、师三级指挥功能，使其具有对全

频谱作战进行指挥与控制的能力。

战区陆军司令部建有情报部，下设情报支援组、情报系统管理组、情报计划与演习组、特别安全办公室、气象参谋军官和红队（假想敌）等机构（图4.2），司令部直属营编有情报/作战股、情报排。这些机构负责组织各种情报搜集、管理和分析、分发活动，重点用于保障本战区陆军的情报需求，同时也根据战区联合情报行动中心和联合情报支援分队的要求，为联合部队指挥官提供情报支援。

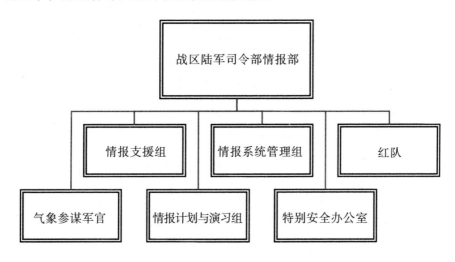

图 4.2　战区陆军司令部情报部编成结构

军司令部在战时围绕基本指挥所和战术指挥所组建。基本指挥所负责对军的作战行动实施连续不间断的指挥，主要编组为情报、作战、火力等若干作战职能中心。基本指挥所情报中心由军司令部情报处处长主持工作，主要负责从各种渠道获取情报和信息，进行战场情报准备，处理、分析、分发情报产品，确定并跟踪战场关键目标，为作战行动筹划和目标确定工作提供情报支援，其编成结构如图4.3所示。战术指挥所同样也编有情报中心，但比基本指挥所情报中心简单，下设情报行动组、目标确定组、融合组、通信集成组、情报处办公室、分布式通用地面系统站和空军气象军官。

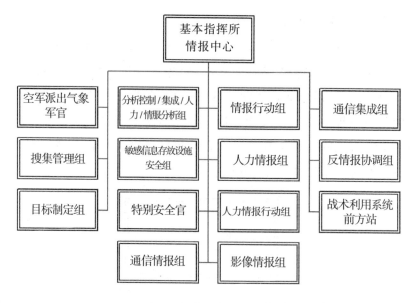

图 4.3　基本指挥所情报中心编成结构

　　师司令部也主要编为基本指挥所和战术指挥所,都编组有情报、计划、火力、保障等作战职能中心。情报中心由情报科科长负责,职能和编成与军司令部基本指挥所情报中心、战术指挥所情报中心类似。

　　根据美陆军模块化改组方案[1],旅已成为陆军地面作战行动的基本作战单位,分为旅战斗队、支援旅和职能旅。旅战斗队情报机构包括旅情报科、S-2X 小组（反情报部门）、各营的情报股、骑兵中队指挥所,直属 1 个军事情报连,主要负责为各级指挥官及其参谋人员提供敌情、地

---

[1]　师是美国陆军进行地面战斗行动的主要行政和战术编组,主要分为重型师和轻型师。重型师包括装甲师和机械化步兵师,轻型师包括空降师、空中突击师和轻步兵师（含山地师）。2006 年,美陆军现役 10 个师完成模块化改造,师自身建制内单位平时仅有一个指挥部,主要发挥指挥与控制功能。在作战时,根据任务需要,由陆军部队将模块化旅分配到师。美陆军将模块化旅分为旅战斗队、支援旅和职能旅。旅战斗队包括重型旅、步兵旅和"斯特赖克"旅三种类型。支援旅分为战斗航空旅、火力旅、战场监视旅、机动加强旅和保障旅。职能旅包括宪兵旅、工兵旅、通信旅、防空和导弹旅、民事旅等。

形和天气的综合态势感知，帮助指挥官与侦察情报监视整体力量行动同步，为指挥官使用侦察情报力量提供建议，综合各种来源情报并分发情报。战时，旅战斗队还要以军事情报连的部分力量组建战斗情报信息中心，负责进行需求管理和各种来源的情报分析等工作。战斗情报信息中心与旅情报科共同组成旅战斗队战场侦察监视中心，负责为全旅提供作战地域内的战场侦察监视和情报支援。

（一）旅战斗队情报力量

美军旅战斗队的直属情报力量主要是骑兵中队（侦察营）和军事情报连，主要任务是保障旅战斗队指挥官战斗决策和各级部队战斗行动的需要，具有无人机侦察、无线电技术侦察、战术传感器侦察、地面雷达侦察和战术人力情报等多种形式的侦察监视能力。重型旅战斗队和步兵旅战斗队的骑兵中队通常编有营部连和3个侦察连，每个侦察连编有连部、2个侦察排和迫击炮班。军事情报连位于旅的特别综合营内，编有连部、情报综合排、情报分析排和无人机排。"斯特赖克"旅战斗队所属骑兵中队编有营部连、3个侦察连和1个监视连。其中，每个侦察连由连部、3个侦察排和迫击炮班组成。军事情报连位于旅的特别综合营内，通常编有连部、情报综合排、人力情报排、情报分析排、卫星通信组（图4.4），负责情报搜集、反情报和电子战支援。此外，旅战斗队所属的各合成营都编有1个营部侦察排，炮兵营编有1个探测连，特别综合营编有1个核生化侦察排，这些分队构成了旅战斗队的队属情报力量，在具备一定战斗能力的同时，也有效提高了旅战斗队的战场侦察监视能力。

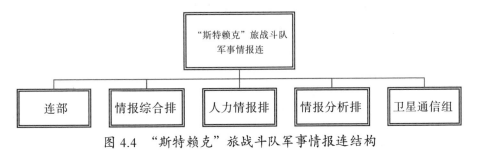

图 4.4 "斯特赖克"旅战斗队军事情报连结构

此外，独立编制的旅和装甲骑兵团也分别编有 2 个侦察连和 1 个军事情报连。

（二）军事情报旅

军事情报旅是美军支援战区陆军部队、责任地域内的其他陆军战役级司令部，以及作战司令部、下属联合部队司令部或多国司令部的主要情报力量，属于职能旅性质。军事情报旅在平时接受陆军情报与保密司令部的行政控制，战时由战区陆军对其实施作战控制。军事情报旅主要遂行侦察、全源情报分析、搜集管理和分发情报等行动，同时具有强大的反情报和人力情报能力，能够在战术、战役层次实施反情报和情报利用等行动。

军事情报旅的编成都是根据不同战区情况进行专门设计的，编组有各类情报分队、语言专家、特定地区专业技术人员和设备，能够根据需要进行模块化组合，满足不同战区陆军指挥官的要求。美国陆军模块化转型后共编有 9 个军事情报旅：第 66 军事情报旅、第 116 军事情报旅、第 300 军事情报旅（外语支援）、第 470 军事情报旅、第 500 军事情报旅、第 501 军事情报旅、第 513 军事情报旅、第 704 军事情报旅、第 902 军事情报旅（反情报和通信支援）[1]。这 9 个军事情报旅都拥有不同的情报能力，在战时可为旅战斗队提供不同的侦察监视支援。通常军事情报旅编有 1 个作战营、2 个前方情报收集营（一个负责反情报与人力情报，另一个负责通信情报），有些军事情报旅也编有专门负责审讯的军事情报营。战时，军事情报旅还可以得到陆军后备队战区支援营和战略级通信情报营的加强，以增强其在相关类型情报方面的搜集和分析能力（图 4.5）。

---

[1]　U.S. Joint Chiefs of Staff, Joint Publication 2-01, Joint and National Intelligence Support to Military Operations. 7 October 2004, pp.B-31.

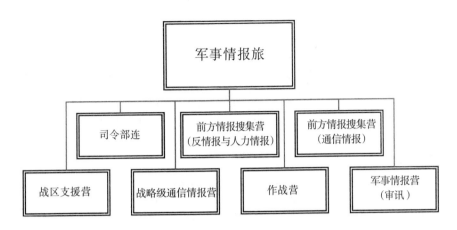

图 4.5　军事情报旅编成结构

（三）战场监视旅

战场监视旅是陆军部队指挥官支援联合特遣部队、军、师、旅战斗队和其他军种或多国部队的重要情报力量，主要进行侦察、监视及情报分析、分发等行动，重点搜集敌情、地形、天候和社会方面的情况，由此形成通用作战态势图。战场监视旅通常与旅战斗队和其他类型支援旅共同组成模块化陆军作战部队，在师的作战地域中未分配的区域内执行任务，有时受援指挥官也会为其指定作战地域。

战场监视旅由 1 个军事情报营、1 个侦察监视中队、1 个网络支援连和 1 个旅支援连组成。其中，军事情报营负责情报搜集，包括无人机侦察，以及无线电信号情报、人力情报和反侦察情报的搜集；侦察监视中队具有地面侦察和监视能力，由数个机动侦察排和远程机动监视小组组成；网络支援连负责构建旅通信主网，保障全旅在受援司令部的作战地域内的通信畅通，并可以通过情报接入等方式，来获取在世界上任何地方的情报机构提供的相关情报信息；旅支援连为战场监视旅的各个分队提供后勤支援（图 4.6）。

战场监视旅既可以支援其他类型的旅级部队，也能得到上级指挥官的加强。在支援其他部队时，战场监视旅通常以分队和小组的形式配属给受援旅或置于受援旅的作战控制下。例如，在师指挥官的指示下，战场监视旅可以派出机动侦察分队或数个远程监视小组配属给机动加强旅，协助其对交通线实施监视等任务。在接受加强时，战场监视旅可以得到受援部队司令部派出的特遣分队、战区级侦察监视力量以及上级指挥官直接配属的支援力量。例如，在稳定行动中，战场监视旅可以将战斗航空旅所属的攻击侦察分队、远程无人机分队和其他地面部队加强的地面侦察分队置于自己的作战控制下。

图 4.6　战场监视旅编成结构

二、海军作战部队情报支援力量

美国海军作战部队统一编入太平洋舰队和大西洋舰队两大兵力集团，通常以特混编组的形式执行作战任务。其编号舰队司令部设有舰队情报中心，航母战斗群设有航母情报中心。

美国海军作战部队的情报力量主要以舰载机联队为主，侦察船、测量船则作为辅助情报手段。航母、巡洋舰、驱逐舰、护卫舰等作战舰艇由于具有极强的单舰侦察监视能力和情报处理能力，是美军海上情报力量的重要组成部分。通常情况下，美军 1 个航母战斗群编有 1 个预警机中队、1 个战术电子战中队、1 个反潜直升机中队或巡逻侦察联队，共装备有 4 架 E-2C 鹰眼预警机、6 架 EA-6B 电子战飞机、12 架 P-3C 反潜巡逻机、4 架 EP-3E 侦察机、6 架 SH-60F 反潜直升机。水面舰艇主要装备有各种雷达、声呐和电子对抗等设备，与空中情报力量一起构成严密的对空、对海、对岸侦察监视体系。

三、空军作战部队情报支援力量

空军部队司令部编有负责情报事务的参谋机构（A2），司令部下属空中作战中心内的情报、监视与侦察处是空军作战部队主要的情报机构。该中心下设情报、监视与侦察小组，目标评估小组，分析与融合小组，处理、使用与分发小组等部门，负责为空军部队指挥官和所属空军部队提供搜集行动管理、目标选择判定、协调情报行动等方面的支援。各航空队司令部也下设情报局，配属1个情报研究与分析大队和若干情报中队。例如，驻韩美军空军第7航空队司令部情报局设有作战、系统、安全、计划与资源、情报分析5个处，负责情报分析、评估、行动、处理等事务。

同时，美空军现役部队中的侦察机联队、侦察机中队、预警机中队以及数个航天联队共同组成了空军作战部队的主体情报力量。美军共拥有14个侦察机中队、11个预警机中队、4个航天联队，装备各型侦察、预警飞机180多架，满足联合作战中空中和空间情报的需求。这些情报力量除了保障本军种部队的情报需求外，还能够对战区陆军部队实施支援，侦察范围覆盖整个作战地域以及敌方战略战役后方，弥补陆军情报力量的不足和局限。

四、海军陆战队作战部队情报支援力量

海军陆战队作战部队根据性质分为陆战师、陆战队航空联队、勤务支援大队、陆战队保安连和舰上分遣队。在作战中经常根据任务需要将上述单位编组为陆战队空地特遣部队，主要编有陆战远征部队、陆战远征旅和陆战远征小队三级；必要时，也可在远征小队规模以下再编陆战远征特种任务空地特遣部队。

陆战队空地特遣部队各级指挥机构都设有专门的情报职能部门和直属的侦察力量。陆战远征部队司令部编有作战情报中心，战时还可增设全源情报分析中心，并直接指挥1个侦察监视情报营。作为远征部队地面作战主体的陆战师，除了编有1个师部侦察连和1个轻型装甲侦察营以外，3个步兵团也各编有团部情报科和1个侦察排，师属坦克营也编

配有 1 个侦察排。其中，轻型装甲侦察营是陆战师的主要侦察力量，下辖 4 个轻型装甲侦察连，能够独立遂行战役、战术侦察任务。航空联队是远征部队的空中战斗部队，除了担负空战、突击支援等任务，还能够使用无人机、直升机、电子战飞机遂行航空侦察行动。

陆战远征旅和陆战远征小队的情报机构设置与陆战远征部队相似，只是级别和规模相应缩小。

五、特种作战部队情报支援力量

美国特种作战部队由特种作战司令部下属的陆、海、空三军特种部队组成，是为实施特种作战行动或为其他作战部队提供直接支援而专门编组、装备和训练的部队。在联合作战中，通常由作战司令部下属的战区特种作战司令部对责任区内的特种作战部队行使作战控制权，遂行包括特种侦察在内的各种特殊行动。

陆军特种部队情报机构包括 10 个特种部队大队、"三角洲"部队、1 个别动团和 1 个心理战大队。特种部队大队和"三角洲"部队以小队为基本单位执行侦察任务。别动团编有司令部和司令部连，分别由专门的情报科和侦察排进行保障。海军特种部队情报机构主要由 4 个特种作战大队、2 支"海豹"小队、1 个特种作战发展大队和 1 个特种作战中心构成。空军的 3 个特种作战联队和 3 个大队组成了空军特种部队情报机构的主体，利用装备的各型飞机为其他军种的特种部队和联合部队提供情报支援。

第五章 美军联合战役情报 支援的指挥控制

一个指挥官最重要的作用是要从他所得到的情报中把百分之五的重要情况与百分之九十五的不重要情况区别开来。[1]

——[美]麦克阿瑟

所谓指挥与控制,美军是指"由经过恰当任命的指挥官为完成任务对其所属部队和配属行使职权与指导",其职能主要是"指挥官对部队人员、装备、通信、设施和程序进行安排,对部队和作战行动进行计划、指挥、协调和控制"[2]。从指挥与控制的对象看,美军联合部队指挥官指挥与控制的主要情报力量是建制内及配属、支援的各种情报力量。考虑到情报支援的特殊性,本书将一些与指挥官没有直接指挥关系、需相关机构协调运作的国家战略级情报支援力量,也纳入联合战役情报支援的指挥与控制之中。

---

[1] 许保林、刘子强选编:《中外军事名言录》,军事科学出版社1986年版,第152页。

[2] 美军JP3-0《联合作战纲要》,2006年版,第397页。[R/OL].(2006-9-17) [2008-04-15].https://www.jcs.mil/Doctrine/.

第一节　指挥与控制体制

美军联合战役情报支援的指挥与控制体制是依托联合作战指挥体制建立的，其结构和内部关系既符合作战指挥的要求，也反映出美国国家情报工作和军事情报工作的特色，对统一、高效、稳定地实施情报支援至关重要。

一、指挥与控制关系

美军认为，联合部队指挥官正确运用指挥与控制关系，可以使所属部队的编成适应形势的需要，并从时间、空间和目的等方面协调各军种的作战行动。美军在情报支援中，主要指挥与控制关系包括作战指挥、作战控制、战术控制、支援和协调。这些关系确定了指挥官的权限职责和与情报力量之间的关系。

（1）作战指挥是根据《美国法典》授予作战司令部指挥官的对所属部队的指挥权，主要包括编组和运用部队、分配任务、指定目标，以及就有关军事行动、后勤和联合训练等方面下达权威性命令的权力。作战指挥权仅赋予各作战司令部指挥官行使，既不能委托他人代行，也不能转让。通常情况下，作战指挥官是通过下属联合部队指挥官、军种部队指挥官、职能部队指挥官或直属于作战指挥官的联合特遣部队指挥官对各部队所属的情报力量行使作战指挥权，有时也可越过某些指挥层次直接对遂行特定任务的情报与作战部队行使作战指挥权。拥有作战指挥权，也就拥有了作战控制、战术控制和建立支援关系的权力。

（2）作战控制是作战指挥本身所固有的，是授予指挥官对下属部队行使的指挥权，包括编组和使用部队，指挥与控制作战行动所需的全部权力，也包含战术控制和建立支援关系的权力，但不包括对后勤或行政事务、纪律、内部编制或部队训练等的命令式的指导。作战控制应通过作战司令部下属部队的指挥官来执行，通常由下属联合部队指挥官、军种部队或职能部队指挥官行使。美军认为，作战控制提供了对部队的"所有权"，使指挥官拥有既能分派任务，又能运用部队的权力，是指挥官"为不间断地拥有和运用部队而首选的指挥关系"[1]。

（3）战术控制是指挥官对建制内、配属的部队或临时调拨的部队行使的指挥权，"仅限于在作战区内对完成指定的使命或任务所必需的调动或机动进行具体的指导和控制"[2]。战术控制主要由作战司令部或其以下各级指挥官行使，但指挥官不能对所使用的情报力量进行编组，也不提供行政和后勤方面的保障，一般情况下，这些权力由该情报力量的原指挥官行使。

通常，作战指挥官对隶属情报力量行使作战指挥权，对配属情报力量行使作战控制权，对国家指挥当局提供的其他军事情报力量仅行使战术控制权。下属联合部队、军种部队、职能部队指挥官对隶属、配属情报力量行使作战控制权，对可供利用的其他军事情报力量行使作战控制权或仅行使战术控制权，除非国防部部长另有指示。作战指挥官还作为美国军方在战区的唯一联络点，对在战区内行动的其他作战司令部、国防部成员单位、美国外交使团、其他美国机构和组织行使指导权。

（4）支援是当一支部队援助、保护、加强或支持另一支部队时，由上级指挥官负责在两个下属指挥官之间建立支援关系。受援部队指挥官有权对支援行动进行全面指导，包括确定具体目标、时机、支援行动的持续时间，以及规定支援优先顺序等。支援部队指挥官有责任满足受援

---

[1]　盖瑞·拉克：《联合作战认识与最佳实践》（第二版），闫红纬译，军事科学出版社 2009 年版，第 74 页。

[2]　美军 JP1《美国武装部队纲要》，2006 年版，第 106 页。

部队指挥官的需求，当支援需求不能得到满足时，要向建立支援关系的上级指挥官通报，由其负责解决问题。

美军的支援关系分为全般支援、直接支援、近距离支援、相互支援四类。在进行情报支援时，担负全般支援任务的情报力量要向整个联合部队而不是其某个特定的下属部队提供支援，要根据联合部队参谋部情报处分配的任务对联合部队的需求做出相应支援；担负直接支援任务的情报力量要向某个具体部队提供支援，必须就受援部队的情报需求直接做出回应，同时也要对联合部队的需求做出响应；担负近距离支援任务的情报力量要与受援部队的火力、机动及其他行动密切配合、协调，向距离足够近的受援部队提供有关临近目标的情报支援；担负相互支援任务的情报力量，根据受领任务、相对位置及能力对各自行动进行相互协调，以便互相提供帮助共同完成情报支援任务。

（5）协调是指挥官之间的一种协商关系，不是司令部可以行使的指挥权力。作战指挥官及其以下的各级指挥官都可以行使协调权，有权要求相关机构就某一问题进行协商，但无权强行取得一致。两个或多个联合部队/军种部队的情报力量以及平行的情报单位之间都可以通过协议备忘录建立或更改协调权，以便在跨机构行动中实现支援行动的一致。建立协调关系时，要明确需要协调的共同任务，并且在行动时不能打乱正常的建制关系。

二、指挥与控制系统

美军联合战役情报支援的指挥与控制系统由总统、国防部部长、国家情报总监、国防部、各级联合部队指挥官及联合情报行动中心组成。正常指挥控制流程为：总统和国防部部长的情报支援命令，由参谋长联席会议、情报总监和国防部分别下达给作战司令部和情报界组成机构。作战司令部下属联合司令部、联合特遣部队司令部、军种组成部队司令部具体负责指挥所属情报力量。情报界支援战区作战的力量由联合部队

指挥官实施作战控制。联合情报行动中心协调战区与情报界的支援请求
和行动（图5.1）。

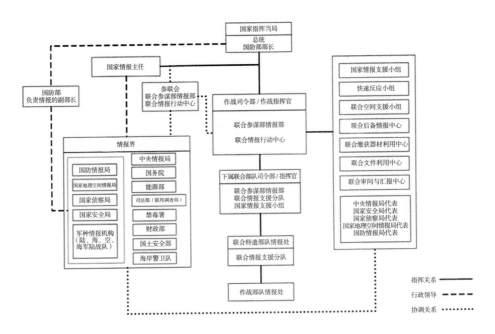

图 5.1 美军联合战役情报支援指挥与控制关系

（一）国家指挥当局是联合战役情报支援体系的最高决策者

美国国家指挥当局由总统和国防部部长或由他们指定的正式授权代
理人或继承人组成。根据美国宪法，总统兼任武装部队总司令，是全军
的最高统帅，国防部部长是总统处理国家军事事务的主要助手。总统在
国防部部长的协助下，通过行政领导和作战指挥两个渠道，在平时和战
时行使指挥武装部队进行军事行动的最高权力。情报支援既属于国家行
政体系范畴，也是作战指挥的重要组成部分。国家指挥当局作为最高层
次的情报使用者和情报领导者，将国家战略目的转化为情报要求，其对
情报的认知和指导，直接影响联合作战情报支援体系的运转。

在国家指挥当局中，美国总统作为拥有指挥权和行政权的最高领导

者，主要通过四种方式对国家和军事情报事务进行管理和指导。一是颁布行政命令、总统指令和指挥命令，规定国家情报体系的组成、整体目标、基本任务、组织原则以及行动准则，发动对敌国及相关国家的情报搜集行动。二是任命国防部部长和国家情报主任，负责管理和协调平时及战时的情报工作。三是运用各种委员会管理、监督国家情报机构，其中国家安全委员会的作用最为突出。国家安全委员会由总统、副总统、国务卿和国防部部长四个法定成员组成，参谋长联席会议主席是法定军事顾问，国家情报总监是法定情报顾问。该委员会根据总统的决策制定情报工作总体政策，监督、审查、指导、评估美国所有情报和反情报活动。四是通过控制情报经费、审批财政优先权来指导和监督各个情报机构的活动和发展。

（二）国家情报总监是美国国家情报支援工作的总体负责人

根据《2004年情报改革和预防恐怖主义法案》，美国设立了国家情报总监一职，取代中央情报主任，全面负责向国家指挥当局提供情报支援和进行情报界的日常管理。与中央情报主任相比，国家情报总监是总统的首要情报顾问，是美国情报界的总体负责人，拥有广泛的管理、预算和人事权，协助总统确定情报项目的优先顺序，执行国家安全委员会制订的反恐计划，重新分配情报界各成员单位的情报经费。

国家情报总监在情报支援方面的主要职权和活动可以归纳为：①负责向总统、内阁、国会、参联会及战区指挥官提供及时、客观、不带政治偏见的全源性情报；②确定情报界的目标和工作的优先顺序，管理和指导国家级情报搜集、分析、分发等环节的任务分配；③负责规划和制定《国家情报战略》和《国家反情报战略》，明确美国国家情报和反情报工作的战略目标、方法途径以及发展方向，为落实国家安全战略提供情报支持；④管理国家情报委员会、国家反情报执行委员会、国家反恐中心和国家反扩散中心，并可在需要时设立国家情报中心，以协调处理联合作战中涉及地区性的情报优先权问题；⑤有权为情报分析分配适当的资源，负责协调情报搜集人员和分析人员之间的关系，并可以要求情报界各部门实现情报信息的共享；⑥有权编制和执行"国家情报规划"的年度预算，并可变更资金的计划和用途，并拥有人事调动权、人事政策和计划制定权。

（三）国防部是军事情报支援行动的直接领导者

在美军联合战役情报支援力量体系中，虽然有众多国家级情报机构参与，但军事情报机构发挥着主要作用。国防部对这些军事情报机构进行指挥和控制，是军事情报支援行动的直接领导者。国防部在情报支援中的活动和作用主要通过两个方面来体现。

首先，美国国防部设立专门负责情报工作的国防部副部长。其代表国防部部长对国防部所属的情报和反情报机构行使管理、指导和控制权，是国防部部长在所有情报、反情报、安全及其他与情报相关事务方面的首席助手和顾问。情报副部长在平时对所属情报机构进行日常管理和监督，确保做好人员、训练、装备等方面的战备工作；在战时则根据国防部部长的指示，组织相关情报机构对国防部各项任务实施支援，并对国家情报主任的需求做出积极回应。情报副部长的工作还得到五位副部长帮办的支持和协助，他们分别主管反情报与保密、情报与作战支援、改革与作战支援、战备与预警、规划与预算工作。此外，在战时或危机期间，美国总统可能会指示军事情报机构在情报搜集方面承担更大的责任。在这种情况下，国家情报支援工作的搜集任务分配权就可能从国家情报总监转移到国防部部长，具体工作也由情报副部长负责。

其次，国防部除了领导国防情报局、国家地理空间情报局、国家安全局、国家侦察局和陆、海、空、海军陆战队4个军种情报机构以外，在进行情报支援时还可以得到情报、监视与侦察一体化委员会和军事情报委员会的协助。情报、监视与侦察一体化委员会主要负责协助国防部情报副部长制定美军情报、监视与侦察发展与使用政策，实现情报、监视与侦察能力的一体化，并协调国防部所属情报机构和各作战司令部的情报、监视与侦察活动。军事情报委员会是国防部所属军事情报机构的高级"理事会"，成员包括国防情报局局长、国家安全局局长、联合参谋部情报部部长、国家地理空间情报局局长以及各军种情报机构主官，主要职责是协调军事情报机构对联合作战行动提供情报支援，并促进战斗支援机构、各军种和作战司令部在情报活动事务中达成共识和合作。在联合作战期间，军事情报委员会为了对作战行动提供有效的情报支援，通常每天召开一次会议，共同商讨解决战区情报活动存在的缺陷，协调、部署支援作战所需的人员和装备。

（四）联合部队指挥官及其下属部队指挥官是战区各级情报支援行动的指挥者

美军认为，"联合部队指挥官及其下属部队指挥官不仅仅是情报用户，也是计划和实施情报行动的主角"[1]，对战区内隶属、配属及支援的各种情报力量实施作战控制、战术控制以及建立支援关系，是战区内各级情报支援行动的指挥者，在联合战役情报支援体系中起着重要作用。因此，在强调情报支援要以指挥官为核心的同时，要求联合部队指挥官及其下属部队指挥官加强对情报支援的指挥与协调，提高其驾驭情报行动的能力。

联合部队指挥官和下属部队指挥官在情报方面的职责主要包括：①熟悉情报理论，了解各类情报力量的能力和局限性，以及相关的程序和产品特性。②通过明确指挥官意图、目标和关键信息需求，来指导制定优先情报需求、情报行动构想以及目标确定和提名等工作。③根据任务分析、作战构想和对作战环境的初步评估，划定指挥官的关心地域，从而明确情报活动的重点。④尽早确定包括优先情报需求在内的指挥官关键信息需求，并明确提出所需情报和信息的内容及时间限制。⑤在制

---

[1] 美军 JP2-0《联合情报纲要》，2013 年版，第 92 页。[R/OL].(2013-10-22) [2014-11-05].https://militarydictionary.org/source/joint-intelligence/.

订联合战役计划的最初阶段,吸收情报计划人员参与政策制定和作战计划工作,并最终负责确保将情报行动完全纳入作战计划和作战行动之中。⑥加强与情报军官的交流和磋商,主动要求情报军官参与对敌情、部队防护和未来作战行动的研究和讨论。⑦要求情报人员提供高质量的预测性情报,了解情报人员在判断敌方意图和未来行动方案时所面临的困难和局限性。此外,作战司令部指挥官还要负责建立本战区的情报共享体系,下属联合部队指挥官负责建立联合部队情报体系,并确定联合特遣部队联合情报支援分队的规模和编成。

（五）各级情报参谋机构是情报支援行动的组织实施者

美军各级司令部大多有专门负责情报工作的参谋部门（J-2）,如参联会设有联合参谋部情报部,作战司令部设有联合参谋部情报处,联合特遣部队和军种组成部队也设有相应的情报处。这些情报参谋机构协助各级指挥官指挥和控制所属情报力量和支援情报力量,确定并管理情报需求,制订情报行动计划,分配情报行动任务,组织实施各级情报支援行动。

在战略层次,联合参谋部情报部整合国家级情报支援力量,建立情报小组、情报工作组和情报特遣部队,加强相关地区的情报分析力量,并为国防部应对危机制订有针对性的全源情报搜集战略计划。在战役层次,作战司令部联合参谋部情报处负责优化联合部队情报力量的使用,拥有责任区内所有情报搜集需求的核准权、修改权或否决权。它负责指导本级和下级司令部的情报活动,提出作战司令部与下级司令部情报机构之间的情报支援关系建议,将国家情报支援力量与战区情报力量进行整合。同时,情报处还在作战司令部内部计划并协调整个作战环境联合情报准备,确保作战环境联合情报准备分析与下级司令部及其他机构提供的作战环境联合情报准备产品融为一体。在战术层次,军种组成部队情报处主要负责提出情报需求及先后顺序的建议,计划、管理搜集工作,向一线情报单位和司令部其他分队分配搜集任务,申请情报支援,接收来自战区、其他军种和国家级情报机构的情报产品，并将各种来源的情报加以综合，以满足指挥官的需求。

（六）联合情报行动中心是情报支援行动的主要协调者

为充分发挥各情报资源的作用，形成情报工作的整体合力，美军在国防部和作战司令部分别建立了两级联合情报行动中心，其职责除了提供各种征候与警报、情况综述、专题研究等情报产品外，重点协调国家安全局、中央情报局、国防情报局等国家级情报机构对国家决策层和战区指挥官及其下属部队指挥官提供情报支援，并对国家和战区情报计划、搜集管理、情报分析和支援行动进行协调。在联合作战过程中，当联合部队隶属或配属的情报力量无法满足作战需要的时候，其本级情报机构将向作战司令部联合情报行动中心提出支援申请。如果作战司令部联合情报中心不能满足下级指挥官或作战指挥官的情报需求，既可以通过国家情报机构派驻作战司令部的代表向情报界各情报整编中心发出申请，也可以向国防部联合情报行动中心提出请求。国防部联合情报行动中心负责把下级提交的情报需求通报给有关军种、作战司令部或国家机构，协调这些单位实施相应的情报行动，并对情报资源的重新调整分配提出建议，以更好地满足一些时效性较强的情报支援请求。在某些情况下，联合特遣部队也可建立与联合情报行动中心功能类似的联合情报支援分队，负责协调和管理情报搜集、生产与分发工作。

第二节　指挥与控制方式

美军认为，在联合战役情报支援中采取科学、灵活、适应实际作战需求的指挥方式，是保证顺利实施情报支援活动、高效行使和运用指挥权的重要因素，是提高效能的捷径。在作战中，指挥官究竟采取什么样的指挥控制方式，要依据情报支援任务的性质和战场实际情况而定。

一、任务式指挥与控制

任务式指挥与控制是美军采用的一种基本指挥方式，也是联合战役情报支援的主要指挥与控制方式。这种方式主要适用于战区内作战环境比较复杂、有多种类型情报力量实施行动、情报支援目标众多、敌情不甚清晰且有较大不确定性的情况。美军指出，"任务式指挥贯穿于指挥与控制的实施之中。指挥官通过任务式指挥来创造积极的指挥氛围，这种氛围能够培养彼此间的信任与理解，并鼓励下级把握机会采取行动"[1]。这种指挥控制方式的着眼点是充分发挥下级的主动性、灵活性和创造性。在情报支援行动中，联合部队指挥官或军种部队指挥官只给情报机构或组织指定支援目标，规定完成任务的时限，对情报力量遂行任务的手段和方法不施加必要的限制，一般只有在必要时，才通过情报参谋机构对情报支援行动进行指导。下级情报力量在联合作战总的企图下，依据情报支援计划，可以根据行动任务的性质、作战环境的复杂程度以及自身能力，自行决定完成任务的行动方法、兵力编组等问题。在遂行任务期间，下级能够根据当时的实际敌情采取灵活行动，而无须按照具体的指令行事。

任务式指挥与控制是以统一计划为基础的。在联合战役计划制订期间，情报参谋机构就要形成情报行动构想、情报任务清单和动态威胁评估等一系列情报支援计划产品。依据这些计划，明确、区分各军种所属情报力量、国家情报界各部门的任务、职责和支援形式，但其中并不涉及具体的方法。例如，在伊拉克战争中，中央总部联合情报行动中心制

---

[1]　美国陆军 FM3-0 野战条令《作战纲要》，2008 年版，第 149 页。[R/OL].(2008-03-22)[2013-06-04].https://www.gloalsecurity.org/military/library/policy/army/fm/.

定了情报、监视与侦察策略，将各种情报需求和任务分配给各级各类情报搜集资产和资源，使这些情报搜集力量围绕同一构想展开行动，但该策略仅对情报搜集行动的意图、可能发生情况、搜集装备的局限性等宏观事项进行指导，有效地确保了情报支援的灵活性和高效性。

二、跨越式指挥与控制

跨越式指挥与控制是指美国军事当局、联合司令部或所属情报参谋机构对执行特别保密任务和在紧急情况下遂行任务的情报力量，超越一级或数级实施指挥与控制，是美军联合作战情报支援中采用的一种较为特殊的指挥与控制方式。它通常在满足战区或国家决策层特有的情报需求时使用。指挥官与遂行任务的情报力量之间平时没有直接的指挥关系，情报支援任务完成或作战任务告一段落，情报力量即可以回归原建制，恢复按级指挥。美军认为这种指挥与控制方式可以减少指挥层次，节约关键情报传输时间，更为重要的是能够对一些具有全局性、战略性的情报行动进行直接指挥，提高情报支援效率，争取有利战机。例如，在海湾战争中，为了压制伊拉克向以色列发射"飞毛腿"导弹的能力，中央总部联合情报中心下属的联合侦察中心就直接控制了一些军级侦察与情报搜集设施，包括战区陆军部队的 OV-1D 侦察直升机，以提供对"飞毛腿"导弹机动发射的全天候、近实时的目标预警情报。虽然联合侦察中心直接控制军级情报设施的做法，在一定程度上影响了军级指挥官对战术情报的获取，但是美军仍然认为这种跨越式指挥是满足战区特殊情报需求的必要手段。[1]

跨越式指挥与控制还常见于美军特种作战部队遂行特种侦察任务中。美国特种作战司令部、战区特种作战司令部、联合特遣部队指挥官都可

---

[1] 美国国防部：《海湾战争：美国国防部致国会的最后报告附录》（中），军事科学院外国军事研究院、中国国防科技信息中心译，军事科学出版社 1992 年版，第 29 页。

能越过几级，直接指挥控制一部分特种作战分队遂行特种作战行动的情报力量。甚至"在某些情况下，根据具体使命的需求，总统或国防部部长可以选择直接对实施具体行动的特种作战部队实施作战控制，而不必经过任何中间指挥层次"[1]。在美军入侵格林纳达时，第120联合特遣部队司令部就直接指挥一个"海豹"小组秘密潜入格林纳达东北海岸进行侦察，并根据特战队员发回的预定登陆地点不适宜使用登陆艇和两栖车辆的情报，决定让陆战队主力改乘直升机向作战地域机动。

三、协调式指挥与控制

协调式指挥与控制是指联合部队指挥官对参与联合作战情报支援的非国防部情报机构以及非政府组织，通过协作、协商活动实施的指挥控制。美军认为，在当今美国面临的安全威胁越来越复杂的情况下，仅凭一个机构的能力解决问题是非常困难的，必须善于运用各种机构的核心能力，使其与军事力量协调一致地行动，以达成共同目标。由于有关美国政府部门和非政府组织与战区联合部队指挥官处于平行关系，不存在严格意义上的受援/支援指挥关系，因此在计划和实施联合作战情报支援时，实施基于相互平等的跨机构协调势在必行。

美军在情报支援中实施协调式指挥与控制主要采取两种措施：一是战区作战司令部与相关情报机构和组织签订正式协议，建立情报联盟关系。根据协议，作战司令部联合情报行动中心可以在危机潜在状态或军事行动开始之前，就与所有情报联盟成员进行协调，提出需求，明确任务。在支援实施过程中，如果某个机构不能继续履行情报联盟职责，要及时与作战司令部联合情报行动中心协商，由其他机构接管其任务。另外，一旦情报联盟关系建立，各方签订的协议必须列入正式作战计划和国家

---

[1]　美军JP3-05《联合特种作战条令》，第35页。[R/OL].(2003-12-17)[2010-10-18].https://www.jcs.mil/Doctrine/.

情报支援计划，并在战区联合演习中演练、检验。二是建立跨机构协调组织。在采用协调式指挥与控制方式时，美军主要是通过联合情报行动中心、国家小组和联合跨机构协调组等机构实施的。这些协调组织大多驻有来自国家情报主任、国防部和非国防部情报组织以及其他政府机构的联络员和代表，根据联合部队指挥官的要求和需求，协调各自单位的行动以及提供情报和信息的共享。例如，作战司令部可以通过联合跨机构协调组与联邦调查局、美国财政部等机构进行联系，了解、掌握这些部门在战区的行动，并就涉及对方的情报计划制订和行动实施进行磋商和协作。

第三节　指挥与控制手段

美军认为，"信息系统和通信方面的技术进步可以增强战术指挥官、下属联合部队指挥官、作战指挥官，甚至是国家领导层对态势的了解和掌握"[1]。从美军情报支援的实践来看，美军主要是依托先进的C4ISR（指挥、控制、通信、计算机、情报及监视与侦察的英文单词的缩写）系统，对参加联合战役情报支援的所属情报力量进行指挥与控制。它既是联合部队指挥官进行情报信息交换和决策支持的重要工具，也是情报参谋机构掌握情报信息、制订方案和下达情报行动命令的主要平台。美军用于情报支援的指挥控制装备按照适用对象主要分为两类：联合情报指挥控制装备和军种情报指挥控制装备。

---

[1]　美军JP1《美国武装部队纲要》，2013年版，第117页。

一、联合情报指挥控制装备

（一）全球指挥控制系统

全球指挥控制系统是美军的战略指挥控制系统，是在"全球军事指挥控制系统"基础上发展而来的。该系统采用通用的作战网络，由多个分布式局域网／广域网协同工作站组成，支持大规模分布式处理，数据融合能力大幅度增强。它能将国防部所有情报数据库与数据汇集中心连接起来，利用世界范围内的情报共享资源，构成高效、保密、兼容、互通和综合的一体化系统。美军通过全球指挥控制系统可以为联合部队指挥官和作战部队提供融合、近实时的战场态势图像，并在制订作战计划和实施作战过程中为国防部、作战司令部和部队指挥官提供情报处理方面的支援。

全球指挥控制系统由若干应用系统组成，主要包括联合作战计划与执行系统、全球侦察情报系统、撤退系统、油料资源分析系统和全球战勤支援系统。其中，全球侦察情报系统是美军参联会和作战司令部对空中侦察资源进行控制的主要工具。该系统根据侦察行动的需求做出计划安排，经国防部、中央情报局和国家安全委员会批准后，由参联会联合参谋部对这些需求进行协调。

（二）联合全球情报通信系统

联合全球情报通信系统是一种高速通信系统，用于提供机密、绝密和敏感信息资料，其用户包括联合司令部、联合司令部下属军种司令部、联合特遣部队、军种部、军种情报中心、国防部各局和经过挑选的非国防部机构。该系统主要采用商用卫星通信和地面传输手段，通过点对点或多点间传输技术，系统用户彼此间可以接收高速传输的数据和图像（包括语音、文本、图表和视频电话会议等），可将部署在陆地和海上的部队与其原单位、军种、国家情报生产部门、国防部以及其他联邦机构连接在一起。

为了提高系统的灵活性，除了固定式系统外，联合全球情报通信系统还发展了"集装箱式"和"移动式"两种系统。集装箱式联合全球情报通信系统是装在四个转运箱里的轻型便携式系统，主要提供在联合特遣部队与情报界成员之间建立多媒体保密通信的支援。移动式联合全球情报通信系统则是一套装在重型多用途轮式车辆和拖车上的机动系统，由高机动性多用途轮式车辆、通信掩体和发电拖车运载，并可用 C-130、C-17 等飞机运输。该系统主要是为联合特遣部队与情报界成员之间提供绝密或部门间隔离的敏感信息与高速多媒体通信连接。

（三）联合可部署情报支援系统

联合可部署情报支援系统是一套可移动的工作站和通信设备，以电子方式将联合情报行动中心延伸到联合特遣部队或其他战术用户，可使战术一级的系统也能实现自动数据处理的互通。该系统一般与联合全球情报通信系统共同配置使用，使联合部队指挥官可以近实时地分享国家级情报支援单位生产的情报。当不需要或没有联合全球情报通信系统时，该系统也能够通过自身具有的多种通信能力，与"三军战术通信系统"等现有通信系统相连接。

联合可部署情报支援系统和联合全球情报通信系统是美军实现情报共享的基础，支援联合军事行动的国家级、战区级和下属联合部队各级的全源情报均是通过这两个系统分发的，美军情报体系中所有部门间隔离的密级信息支援系统也是基于这两个系统建设的。

（四）全球广播服务系统

全球广播服务系统是美军军事卫星体系的一部分，是美国国防基础信息设施的延伸。它是一套以商业民用卫星直播技术为基础开发的信息服务系统，可以运用军用卫星和商业卫星的能力，向全球范围内的情报用户进行大容量的单向信息传输服务。全球广播服务系统能够高速、有效地向美军各级指挥员、下级指挥员以及盟军播发包括图像、图形、文字和视频等多种情报和信息，支持智能推送服务，从而使驻扎在世界各地的美军及其盟军及时获取各种情报，能够更好地掌握战场态势，提高协同作战能力。

（五）情报专用联结系统

情报专用联结系统是美国情报界和美军分发共享情报信息的主要途径之一，是一个类似万维网的信息服务平台，利用 Web（World Wide Web 的简称，即全球广域网，也称为万维网）环境和技术来提升情报分发和共享服务能力。该系统覆盖了 250 多类情报产品，拥有上百万份文档，数百个在线的数据库，横跨多个安全等级，能够通过提供一套标准工具，实现各种情报信息的查询、访问和下载，为国家决策者、各级指挥官、情报分析人员进行共享与协作提供必要的途径。情报专用联结系统分为多个版本，以适用不同用户。INTELINK 和 INTELINK-S 运行在机密互联网协议路由器网上，是美国情报界和绝大多数作战人员进行情报信息分发的方式。INTELINK-P 运行在与美国白宫相连的专用数据通道上，是国防情报局为总统及其助手、顾问提供决策参考资料的重要方式。INTELINK-C 是美国与英国、加拿大、澳大利亚等盟国共享情报信息的工具。

二、军种情报指挥控制装备

（一）陆军全球指挥控制系统

陆军全球指挥控制系统是美军全球指挥控制系统的军种分支系统，是陆军作战指挥体系机构中的核心系统。该系统主要用于支持上至战略、战区指挥官，下至联合特遣部队指挥官对陆军作战力量的指挥控制，使陆军指挥官对侦察情报力量的作战指挥能够顺利延伸到军和军以下部队。该系统能够为指挥官提供通用的作战图像、敌我态势和作战计划、实施等方面的信息，满足指挥官对一线情报力量进行兵力跟踪、信息互通等指挥控制需求，同时还具有与其他军种部队的指挥控制系统、陆军战术控制系统进行全面交互的能力。

（二）21世纪部队旅及旅以下作战指挥系统

21世纪部队旅及旅以下作战指挥系统是美国陆军作战指挥系统的核心组成部分，主要装备旅以下作战部队使用。该系统是一种车载联合交互式的数字化作战指挥信息系统，与电台、全球定位系统、路由器集成在一起，升级后还可与卫星通信网相连，实现数字式互联互通，并可与更高级别的指挥控制系统相连，具有为指挥官和作战部队提供运动间的综合态势感知能力和指挥控制能力。

21世纪部队旅及旅以下作战指挥系统能够在数字地图或卫星地图背景上显示敌我位置，通过战术互联网以联合变量文电格式实时地交换一线侦察情报力量的实时状态和指挥控制信息，并可将侦察部队获取的敌方图像及时发送回战术作战中心和指挥中心。同时，侦察情报力量也可以利用系统定位功能，快速、精确地获得炮兵和近距离空中支援。伊拉克战争中，美陆军配发了8000套21世纪部队旅及旅以下作战指挥系统，安装在各种作战平台上，有力地形成了贯穿整个战场空间的无缝作战指挥信息流，极大地提高了美军对战场侦察情报部队的指挥控制能力。

（三）全源分析系统

全源分析系统是陆军作战指挥系统的情报电子战分支系统，是美国陆军信息化作战的重要电子情报信息手段。该系统配备由军及军以上到师、旅、营各级使用，为指挥官提供资产管理能力和可视化战场空间的全信息源情报，并使指挥官更有效地控制地面作战及情报支援行动。

全源分析系统在设计上采用覆盖各个级别的情报系统结构，具有为战略到战术各级指挥官提供各种情报的能力。该系统在功能上，可以实现战场情报准备、作战情报分析、情报信息发送、目标分配和全源情报融合；在部署方式上，可战术机动部署，该系统的远程工作站可作为独立系统使用，或作为军、师级部队中的分析与控制分队以及旅级部队中的分析与控制小组的配属设备；在通信方式上，既可与美国陆军标准通信系统相连，又可与全球联合情报通信系统、"特洛伊"远程情报终端等专用情报电子战系统连接；在支援对象上，既可为参加应急作战的早期介入部队提供支持，也可为分散作战的小分队提供情报支援。目前，美国陆军已全面推广全源分析系统，使用对象包括预备役军事情报单位和国民警卫队。此外，该系统功能也一直处于升级扩展中。

（四）海军全球指挥控制系统

海军全球指挥控制系统是美国海军战略和战区级的指挥控制系统，是美国全球指挥控制系统和美海军"哥白尼"计划的重要组成部分。该系统分布在"美海军遍布全球的300艘军舰和潜艇、57个岸上指挥所、16个战术支援中心以及8个机动作战中心"[1]，包括战区航母战斗群、战区陆战队都使用了该系统。

海军全球指挥控制系统分为海基、岸基和战术／机动三种系统，既可以作为战术局域网，支持对舰船的监视和调度，又可以为海军指挥官提供与情报服务和数据库集成的融合战术图，还能够为联合部队和海军远征部队提供计划、指挥和控制能力。该系统在情报指挥方面的功能主要体现在可以进行多源情报信息管理、显示、融合及分发，能为海上指挥官提供实时的共同作战图像，通过接受敌我态势信息，辅助指挥官计划、协调、控制和评估海军情报力量实施的支援行动。

（五）舰队指挥中心

舰队指挥中心是全球指挥控制系统与海上部队联系的重要途径，是舰队指挥官履行海军指挥官指挥控制职责的主要工具。每个配备舰队指

---

[1]　尤晓航主编：《国外海军典型 C4I 及武器系统》，国防工业出版社 2008 年版，第 25 页。

挥中心的单位都可以经全球指挥控制系统与所在战区的联合司令部联系，也能通过海军全球指挥控制系统同时与其他舰队以及位于华盛顿的海军指挥中心联系。它能够在以下几个方面支持舰队指挥官实施情报指挥：准备、评估、发布情报行动计划、命令，分配、调整舰队情报资产，接受来自下级兵力的航迹数据，评估和预测战术态势及情报力量状态，等等。

（六）旗舰数据显示系统

旗舰数据显示系统是支持美国海军航母战斗群指挥官进行大范围作战的编队级指挥系统，既可支持两栖作战，也可支持编队对空作战、对海作战和反潜作战。该系统装备在可承担旗舰的航母和巡洋舰等大型舰船上，以实时方式与岸基节点联系，快速、可靠地接收岸基舰队司令部的命令和综合情报，上报经综合处理的编队防区内的相关情报，接收编队内各舰艇及舰载飞机的相关情报，向编队内各舰艇及舰载飞机下达作战命令和通报作战所需情报。同时，它能协助指挥官规划、指挥和监视各种情报电子战活动，统一指挥协调编队的侦察、电子支援，包括控制和协调武器系统和传感器。因此，旗舰数据显示系统既是情报中心，又是指挥决策中心，是整个航母编队情报侦察系统的中枢系统。

（七）海军陆战队空地特遣部队情报分析系统

海军陆战队空地特遣部队情报分析系统是海军陆战队主要的情报信息系统，重点为海军陆战队空地特遣部队指挥官及情报参谋人员提供情报计划和指导，以及情报信息的融合、分发。该系统采用三级运行模式：第一级为陆战远征军情报分析系统，负责支持陆战远征军指挥分队的侦察及作战行动；第二级是情报运行服务器系统，对主要下级指挥部的情报运行提供支持；第三级为情报运行工作站。它既是营部、中队指挥部与上级总部之间的情报衔接点，也可以作为一个独立系统单独使用，负责连接国家级情报系统和战区级、战术级情报指挥与处理系统。海军陆战队已经为所有作战部队和可接收该系统的后备部队配置了全套系统。

（八）战术空军控制系统

战术空军控制系统是一个战区性的指挥控制系统，是由若干担负不同指挥任务的分系统构成的一个综合性大系统。战术空军控制系统的基本任务是：利用建制的数据和语音通信设施对空军资源进行集中控制，保证战区内的战术空军部队与其他空军部队单独作战或与地面军队联合作战时，对部队实施及时、有效的指挥控制，使空军部队能圆满完成战区内夺取制空权、直接支援地面部队作战、摧毁敌军事设施和有生力量及空运、侦察等任务。

战术空军控制系统由地面和机载两部分组成。地面部分由战术空军控制中心、控制报知中心、信息处理中心、空中支援作战中心和战术空军控制组等组成，主要负责对空中行动进行总体控制和协调，包括情报处理、战区目标确定、空域计划和控制、任务分配和分发、任务执行监控等。机载部分由 EC-130E 飞机、E-3 空中预警与控制飞机等部分组成，主要是在地面设施指挥控制地域以外的前沿作战地域内，对执行各种战术航空作战任务的空中飞机实施指挥控制，也可以作为地面战术空军控制中心的延伸扩展或紧急备用指挥中心使用。

（九）空军战区作战管理核心系统

空军战区作战管理核心系统是美国空军用于联合空战的综合指挥和控制系统，负责对作战区域内的所有空中资源进行任务分配并制定联合空中任务指令，能够通过综合各类情报和信息，生成共用作战图像，更快捷地为空军及其他军种、联合部队提供信息化的空中行动计划和管理手段。

空军战区作战管理核心系统集成了应急战区自动计划系统、作战情报系统和航空兵联队指挥控制系统，分别支持不同的任务。应急战区自动计划系统主要是自动制定、分发联合空中任务指令，并对空中行动进行管理。作战情报系统用于从多种情报源接收情报数据，进行关联、存储和分发给作战系统，并通过联合全球情报通信系统和保密互联网与国家和战区指挥机构进行联系。同时，系统工作站还可以与本地及世界各地的其他情报和作战系统进行数据交换。作战情报系统适用于战役级和战术级空中侦察与作战行动，能够在整个作战过程中直接支持空战的计划制订和任务执行。航空兵联队指挥控制系统具备作战、情报、维护和气象等功能领域的联队指控能力，通过获取应急战区自动计划系统和作战情报系统的情报和信息，实时掌握联队侦察及作战资源状况，协助指挥官、作战参谋以及上级司令部根据这些情报和信息做出指挥决策。

目前，美军用于联合战役情报支援的指挥控制装备虽然在技术体系上日臻完善，但在互操作性、融合性、实用性方面仍需提高。从 20 世纪 90 年代初开始，美军就根据实战需要，依托 C4ISR 系统建设，发展适应联合作战环境的情报支援指挥与控制装备，力图实现对情报支援力量的及时指挥控制以及情报信息的共享。因此，美军各军种纷纷大力研制开发适合本军种情报支援的指挥控制装备，但同时也暴露出技术体制和标准不统一、难以实现三军互通的缺陷。为了更好地满足联合战役情报支援的需求，进入 21 世纪以来，美军加快联合情报指挥控制装备的建设速度，加大对各军种情报指挥控制装备的整合力度，特别是重视通用情报数据链的发展与部署，以实现情报指挥控制装备与武器系统的无缝连接。伊拉克战争后，美军提出要将全部情报指挥控制装备融入全球信息栅格，形成一体化的情报支援系统装备。如果该系统建成，美军将大大提高情报支援的指挥效能和共享效率。

第六章　美军联合战役情报支援的
组织与实施

任何危机时期的部署能否取得成功，取决于是否有一套可靠的指挥与控制系统和一套灵活而可靠的战略和战术情报搜集、分析和分发系统。[1]

——[美] 施瓦茨科普夫

美军将联合战役情报支援分为六类情报行动，分别是计划与指导、搜集、处理与利用、分析与整理、分发与整合、评估与反馈。这些情报行动不是完全分开的，它们相互联系、相互包含，几乎同时进行，"没有确切的边界能够界定出每一次情报活动开始于何处，或者结束于何处"[2]。在复杂的联合战役中，虽然每一类情报行动都各有不同的侧重点，但总体分析，美军情报支援的组织实施过程有以下几个方面。

[1]　美军JP2-01《联合与国家情报对军事行动的支援》，2004年版，第94页。[R/OL].(2004-10-07)[2010-11-09].https://militarydictionary.org/source/joint-intelligence/.

[2]　美军JP2-01《联合与国家情报对军事行动的支援》，2004年版，第4页。[R/OL].(2004-10-07)[2010-11-09].https://militarydictionary.org/source/joint-intelligence/.

第一节　周密计划集中管理，确保对情报行动实施有效指导

由于作战任务的多样性和联合作战环境的复杂性，计划和管理的作用显得尤为突出。美军认为，在联合战役情报支援中，计划和管理工作是成功实施各类情报行动的基础和重要保障，贯穿于支援行动的全过程和各个方面。其主要任务是通过明确界定联合部队指挥官的情报需求，来制订周密的支援计划，并对需求和行动进行实时管理，达到对整个情报支援行动实施有效指导的目的。

一、以指挥官优先情报需求为根本，明确情报支援重点

优先情报需求是指"指挥官及其参谋机构在了解对手或作战环境时需优先得到的情报保障"[1]，包括"敌情、地形与天气以及民事注意事项等指挥官认为最重要的相关信息"[2]。美军情报部门以确定联合部队指挥官实施联合作战所需的优先情报为支援行动起点，制定指导当前和未来情报支援行动的策略方针。美军主要通过确定指挥官优先情报需求，来明确信息要素，进而提出满足作战要求的信息申请。

---

[1]　美军 JP2-0《联合情报纲要》，2013 年版，第 199 页。[R／OL].(2013-10-22) [2014-11-05].https://militarydictionary.org/source/joint-intelligence/.

[2]　美国陆军 FM3-0 号野战条令《作战纲要》，2008 年版，第 167 页。

（一）确定优先情报需求

指挥官的作战意图是确定优先情报需求的主要根据，是对作战目的、军事最终状态以及可以接受风险程度的清晰而简要的表述。联合部队指挥官的作战意图受国家战略目标、军事目标的制约和影响，简要阐述指挥官对整个作战行动的初步构想，表明其想要达到的目标以及在何种情况下终止作战行动，有时还可能包括对敌方指挥官意图的评估和对可承受多大的损失的评估。指挥官希望通过明确作战意图，为情报机构和作战机构提供关注重点，并帮助下属部队指挥官和担负支援任务的指挥官能够在没有进一步命令，或作战行动中没有按预先计划进行的情况下采取统一行动，达成最终作战目的。

联合部队情报机构在分析作战任务和指挥官意图的过程中，根据已掌握的敌情和作战环境相关方面的信息，确定目前存在的情报缺失，以此提出指挥官制订作战计划、实施作战行动所最需要的情报。同时，依据各类军事行动的等级、任务、预期作战时限、情报需求的重要程度进行先后排序。优先情报需求既可以由联合部队指挥官自己直接指定，也可以由联合参谋部情报处提出建议，经指挥官批准后确定。情报参谋军官负责为指挥官管理优先情报需求。

在确定优先情报需求时，美军重点强调四个方面。一是"在作战行动的任何阶段，联合部队指挥官的优先情报需求总量应当使任务关键需求与有限的情报支援能力之间保持合理平衡"[1]，集中情报系统的能力支援关键的决策活动，避免使搜集力量和分析力量过于分散。美军指出，联合部队指挥官的优先情报需求数目应不超过 12 个 [2]。二是对于复杂的分阶段进行的联合作战行动，应分别确定每个阶段的优先情报需求，便

---

[1]　美军 JP2-0《联合情报纲要》，2013 年版，第 27 页。[R/OL].(2013-10-22)[2014-11-05].https://militarydictionary.org/source/joint-intelligence/.

[2]　美军 JP2-0《联合情报纲要》，2000 年版，第 18 页。[R/OL].(2013-10-22)[2014-11-05].https://militarydictionary.org/source/joint-intelligence/.

于情报支援机构有针对性地实施支援。三是优先情报需求应随作战行动的展开和形势的发展而进行更新，取消一些原定的优先情报需求或确定新的优先情报需求，以对新的作战行动形成重点支援。四是将民事注意事项列入优先情报需求。民事注意事项涉及作战地域内的基础设施、地方机构、地方领导人、民众和各种组织等内容。掌握这些情况有助于指挥官了解作战地域内的社会、政治、文化等因素，以及这些因素对遂行任务产生的影响，对于利用军事力量和国家力量其他手段实施全频谱作战至关重要。

（二）制定信息需求和基本信息要素

联合部队情报机构确定后的优先情报需求和己方部队信息需求[1]一起构成了指挥官关键信息需求。美军认为，指挥官关键信息需求是"指挥官所确定的对于促进及时决策具有关键性作用的信息需求"，"可直接影响决策，促进军事行动的成果实施"。由于具有极高的重要性和时间敏感性，美军要求情报机构必须立即通过一切可利用的手段就指挥官关键信息需求向指挥官做出反馈。指挥官也要严格控制关键信息需求的数量，一般不能超过 10 个。

以优先情报需求为基础，情报参谋人员进一步细化指挥官关键信息需求，形成若干个有关敌军和作战环境的具体问题，制定作战司令部或联合特遣部队司令部的信息需求和基本信息要素。信息需求是指为满足指挥官情报需求而必须搜集和处理的信息项目。基本信息要素则是指最为关键或能够满足优先情报需求的信息需求，它重点关注具体的敌情征候，可以与现有情报和信息进行整合，在某些特定时间内直接支持指挥官的决策行动。例如，如果优先情报需求是"敌人是否会在 72 小时内发

---

[1] 己方部队信息需求是指挥官和参谋人员了解己方部队和支援能力状况所需的信息，包括指挥官认为最为重要的己方部队的任务、可获得的部队和支援以及可用时间等相关信息。己方部队信息需求由作战参谋军官负责管理，不属于情报支援范畴。

动进攻"，经过细化和提炼，信息需求和基本信息要素就可以是"敌军主要地面部队在哪里？""敌军装甲师在什么位置？""敌军军属炮兵是否已靠前部署？"等问题[1]。通过回答此类问题并将其整合分析，就可能生产出满足优先情报需求的情报产品，弥补情报机构在掌握敌军行动和作战环境方面存在的情报缺口。

（三）提出信息申请

当情报需求和信息需求确定后，情报人员就立即检查现有的情报数据库，查找是否存在现成的情报信息满足这些需求。如果存在所需情报信息，情报人员就直接将其提供给指挥官。如果不存在现成的情报信息，情报人员就要通过司令部，依照作战司令部的审核程序批准生效后，向建制内情报机构和支援情报机构发出信息申请。

美军认为，信息申请是为了获取具体的、时效性很强的情报产品或信息而提出的需求，与常规的需求和定期情报生产有着明显区别。信息申请发出后，如果情报人员确定已有的情报信息能够全部或部分满足信息申请，那该信息申请将会被转为整编需求，被正式列入国防部情报生产计划，由相关情报分析部门进行整编来满足需求。如果确定现有的情报信息不能满足信息申请，那情报人员就将该申请转为搜集需求，制订或修改搜集计划获取有关情报。当本级情报力量不足以完成搜集任务时，情报机构通过指挥部门可以将信息申请或搜集需求呈送上级情报部门。在呈送上级之前，申请和需求都要进行核准并确定优先次序，能在本级范围内满足的需求尽量在本级解决，避免过多占用国家和战区的战略情报力量。

情报需求与信息需求之间的关系，如图6.1所示。

---

[1]　美军JP2-0《联合情报纲要》，2013年版，第27页。[R/OL].(2013-10-22)[2014-11-05].https://militarydictionary.org/source/joint-intelligence/.

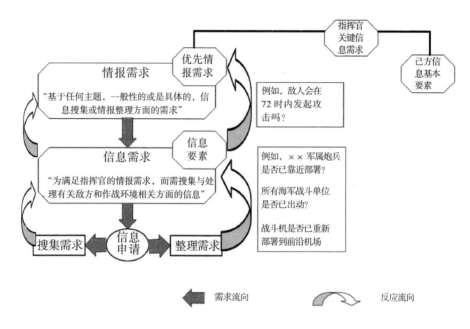

图 6.1　情报需求与信息需求之间的关系[1]

二、统筹协调需求与能力，合理分配情报资源

美军认为，在联合战役情报支援的整个过程中，需求与能力之间的矛盾将始终存在，特别是在危机和战时行动期间，各级的情报需求激增，"情报界和作战司令部若能充分利用可以利用的情报资产，对于满足日益增长的用户需求至关重要"[2]。因此，美军加强对情报搜集的计划和管理，统筹协调情报需求与搜集能力，确保有限搜集力量的优化使用。

[1]　美军 JP2-0《联合情报纲要》，2013 年版，第 26 页。[R/OL].(2013-10-22)[2014-11-05].https://militarydictionary.org/source/joint-intelligence/.

[2]　美军 JP2-01《联合与国家情报对军事行动的支援》，2004 年版，第 36 页。[R/OL].(2004-10-07)[2010-11-09].https://militarydictionary.org/source/joint-intelligence/.

（一）进行搜集需求管理

搜集需求管理是情报管理人员围绕情报需求，明确情报系统必须搜集怎样的情报信息内容的活动，核心任务是将搜集计划中的搜集需求转化为可以操作的实际行动，其直接结果是情报搜集管理人员向建制内的情报资产直接分派任务，或向上级、友邻情报管理机构提出搜集请求，以完成情报搜集任务。国家级军事情报搜集需求管理工作由国防情报局测量与特征情报技术搜集处负责。战区情报部负责责任区内的搜集需求管理，拥有对所用情报搜集需求的审核权和否决权。

搜集需求管理以接收到优先情报需求或信息申请为工作起点。搜集管理人员首先进行需求分析，在情报搜集系统中查找是否有最近完成或正在进行的搜集行动具有满足需求的潜力，如果有这样的行动，就将搜集到的情报和信息立即提供给申请者；如果没有，则将批准后的搜集需求纳入原有搜集计划或制订新的搜集计划。美军认为，只有对现有的信息和行动进行研究后，才值得为一项需求采取新的搜集行动。

明确搜集需求后，搜集管理人员即开始确定可以满足需求的情报力量及其能力。在确定过程中，搜集管理人员必须将需求的关键要素与可以使用的搜集资产或资源的能力要素进行比较，从而确定搜集行动是否能够进行。关键要素是指构成和影响搜集需求的各种参数，包括目标距离、最晚有效时间、目标特征等。搜集资产或资源的能力要素主要指情报系统或装备的能力和局限性，包括覆盖范围、定位精度、留驻时间等。关键要素和能力要素是选择搜集资产和资源的主要根据。另外，气象、地形、搜集时限、搜集资产或资源的易损性等也是影响选择和使用的重要因素。通过将这些要素进行综合对比，搜集管理人员就可以确定在时间性和技术性等方面满足要求的备选系统。在考虑敌情、气象等因素，选择执行任务的具体系统后，搜集管理人员将根据情报需求的优先次序，下达搜集资产任务，或通过指挥系统向上级提出下达搜集资源任务的申请。

在进行搜集需求管理时，美军强调要采用灵活的情报搜集策略，针对特定目标优化搜集方案。搜集资产或资源的选择以管用、够用为标准，不一味强求搜集能力的强大。在需求管理过程中，美军要对资源进行整合，将新的搜集需求融入当前或已经计划的搜集任务中去，以提高整个搜集活动的效率，并降低成本和风险。对于高优先等级的搜集需求，要综合使用不同类型的搜集手段，确保搜集行动的成功。

此外，搜集需求管理工作还注重对搜集需求满足的情况进行跟踪评估，以确定重要的需求是否得到满足，以便管理人员决定是重新进行搜集行动，还是结束任务将所搜集资产或资源用于满足其他现行的需求。

（二）进行搜集行动管理

搜集行动管理是对实际搜集情报和信息的设备和人员进行组织、指导和监控的过程，重点指明怎样去满足需求，核心任务是选择特定的情报门类和某一门类里特定系统来搜集满足用户需求的情报和信息。搜集行动管理由搜集资产或资源的战术控制单位实施，以确定哪种搜集资产最能满足用户的产品要求。美军认为，虽然搜集行动管理和搜集需求管理各有不同的工作重点，但并不意味着两者的任务和在组织机构上要严格分开。很多工作是由搜集行动管理人员与搜集需求管理人员共同协作完成的，进行区分主要是为了便于理解它们各自的目标。特别是在实践中，"它们两者之间的区别已可能不复存在。两者之间必须经常保持沟通"[1]。

在制订搜集行动管理的任务计划过程中，搜集行动管理工作的重点是明确具体搜集装备和人员。与搜集需求管理过程不同，搜集行动管理侧重根据搜集系统的情报侦察获取能力、人员训练水平以及是否有实战经验等进行综合考察，选定最终执行任务的平台、装备和人员。同时还要加强有效协调，特别是像侦察飞机一类的搜集平台，其搜集行动涉及

---

[1] 美军 JP2-01《联合与国家情报对军事行动的支援》，2004 年版，第 42 页。[R/OL].(2004-10-07)[2010-11-09].https://militarydictionary.org/source/joint-intelligence/.

作战、气象、通信、维修与后勤诸多参谋业务部门，在制订任务计划时必须综合考虑这些影响因素并将其吸收进计划之中。

美军在进行搜集行动管理活动中，强调对搜集资产的监控和指导，认为这是提高搜集效率的重要措施。联合战役参谋机构同搜集资产保持联系的方法主要有两种：一是要求搜集资产按规定的时间间隔报告情况。具体时间间隔根据任务、敌情、可利用时间、通信手段来确定。二是使用情报、监视与侦察可视化系统，以图形的方式直观显示搜集资产当前和预期的位置、具有的能力、关注的领域以及任务目标等信息，并能将所有计划搜集目标的搜集状况和位置与每一个目标所使用的具体情报、监视与侦察资产之间的关系实时地显示出来。美军认为，通过这两种方式可以掌握搜集资产的状态，增强对搜集需求的响应力度。特别是后一种方式促进了对作战空间的持久监视，有利于实现情报侦察力量与整个联合部队作战行动的协调与同步。

与搜集需求管理相同，搜集行动管理也注重对管理活动结果进行跟踪评估。如果搜集管理人员提供的情报不能满足需求，申请者就要与搜集管理人员协调，要求重新实施搜集行动，从而开始新一轮的搜集管理过程。

三、紧密围绕支援行动，同步制订情报支援与相关计划

作为联合作战整体计划程序的一部分，美军情报支援计划通常是在制订联合作战应急计划和危机行动计划的过程中形成并与这些计划同步制订。大部分的情报计划产品一般以附件B的形式出现。美军认为，为了快速应对战区可能发生的危机，情报计划工作应提前进行，并"以最可能发生的威胁想定作为计划工作的核心，包括确定对兵力部署实施全般支援所必需的人员、装备和情报体系"[1]。

---

[1]　美军JP2-0《联合情报纲要》，2013年版，第25页。[R/OL].(2013-10-22)[2014-11-05].https://militarydictionary.org/source/joint-intelligence/.

（一）突出制订搜集计划与国家情报支援计划

为了有效实施情报支援行动，美军情报部门在联合作战计划和实施阶段要制订各种情报计划。其中在涉及情报行动本身的计划中，美军重点拟制搜集计划和国家情报支援计划。

搜集计划是由联合参谋部情报部和战区情报部协调制订的，立足点是把适当的搜集能力和情报需求结合起来。搜集计划包括情报需求的优先等级、所需情报信息的描述、执行任务需要的建制内资产或搜集资源、接受情报信息的单位、完成任务的时限等内容。美军强调，在制订搜集计划时，要充分考虑情报信息的优先顺序以及搜集资产或资源的能力；要首先使用建制内资产满足需求，减轻其他情报力量的负担；要综合使用多种搜集手段，保证情报的准确性。

国家情报支援计划是由国防部联合情报行动中心制订的，旨在整合与协调战区和国防部所属情报机构的能力，以满足联合部队指挥官重点情报需求的支援计划。在计划中主要明确国防部所属情报机构在战区范围内支援情报搜集、分析和整编工作的任务和职责，以及指定合适的情报机构制订人力情报、地理空间情报、信号情报等职能支援计划。美军认为，国家情报支援计划虽然主要涉及国防部情报机构，但必须与战区情报计划保持一致，要根据作战指挥官批准的优先情报需求，将战区情报行动任务整合进计划中，以便各级情报机构进行协同。

制订搜集计划和国家情报支援计划是美军建立情报支援体系、遂行情报支援任务的重要步骤和措施，在美军情报支援计划活动中占有重要地位。它为后续情报支援行动奠定了组织和协调基础，确保情报支援在各个层次有序展开。

（二）严密制订目标情报计划

目标选择与打击是美军实施联合战役行动的重要组成部分，而目标价值必须符合联合部队的任务，符合联合部队指挥官的作战目的、指导方针和作战意图。因此，美军认为"拟定目标和制订情报计划是相互关联的"[1]，必须在目标选择与打击的全过程提供情报支援，由受援和支援部队的情报部门一起协作制订目标情报计划。其中，受援部队情报部门起主要领导作用。

目标情报计划主要明确受领搜集任务的情报力量在实施目标侦察过程中应查明的情报信息以及行动步骤和注意事项。需要查明的情报信息包括预定目标的详细描述和识别数据、周边的自然环境、敌军防护的能力、所在地区人口及文化特征、交通线及基础设施情况等。目标情报计划还要明确实施侦察时的进出路径、遭遇危险时的救生、逃避、救援、抵抗等方法和细节。此外，目标情报计划还要重点提出某些任务的独特情报需求和现阶段存在的情报缺口，便于情报力量在侦察时掌握重点。当侦察行动完成，对象或实体作为目标确定下来后，情报部门就要根据性质，将它们分别列入联合目标清单、限制打击目标清单和非打击目标清单，以采取不同的作战行动。

美军强调，在制订目标情报计划过程中，目标计划人员、全源情报分析人员和搜集管理人员应密切协调，周密安排，应尽可能多地搜集有关目标的信息、图像和情报成品，提供更全面的敌方目标系统情况。

（三）及时制订联合情报体系计划

联合情报体系是指"由国防部联合情报行动中心、作战司令部联合情报行动中心以及下属联合特遣部队情报行动中心或联合情报支援分队组成的一个动态而灵活的组织体系。该体系包含自动化数据处理设备能力，能够满足通信和信息方面的要求，负责向国家级、战区级和战术级指挥官提供制订计划和实施作战所需的各种情报"[2]。美军认为，在情报

---

[1]　美军 JP2-0《联合情报纲要》，2013 年版，第 33 页。[R/OL].(2013-10-22)[2014-11-05].https://militarydictionary.org/source/joint-intelligence/.

[2]　美军 JP2-01《联合与国家情报对军事行动的支援》，第 206 页。

支援行动实施以前，情报机构需要尽早确立联合情报体系的组织形式、建立地点、人员配置等情况，并以计划的形式加以明确。制订联合情报体系计划可以在很大程度上促进美军情报信息的全源融合和实时共享。

在联合情报体系计划中，美军重点强调应整合作战体系和情报技术系统，保证联合情报体系与联合部队的任务相一致，并高效地向其提供支援。具体而言，体系中各情报机构应及时明确战时各自的组成结构、职能任务、协调方法；规定情报和信息的格式、时效性、流程、优先顺序等技术参数，建立联合情报体系技术规范。由于联合情报体系是美军进行情报协调、形成全源情报的主要组织，制订计划时，必须确保体系中各个系统的互联、互通和互操作。尤其是在使用、配置政府和商业部门提供的技术设备时，要重点考虑其安全性和防护性，以及与军事情报系统的兼容性和互通性。

（四）预先制订人员与后勤增援计划

美军认为，由于在情报支援行动中各个级别的情报需求量大幅增加，造成有限的情报资源疲于应对，必须通过补充人员、装备和物资来缓解压力，保持对敌情报优势。因此，预先制订人员与后勤方面的增援计划是非常必要的，并且是发生危机时进行情报活动不可或缺的组成部分。

在制订人员增援计划时，情报部门要充分预测需求，区分增援对象性质，按照现役人员、单个后备役人员、精选后备役人员等分门别类地编制需求表，依据"作战司令部临时任务人员分派政策与程序"，向国家级情报机构和相关战区或军种提出增援要求；同时，在计划中也要考虑到网络化协作的特性，允许异地的预备役人员在不前往任务地区的情况下，以网络支援的方式实现人员增补。在科索沃战争中，美军通过事先制订人员增援计划，从欧洲战区以外的联合司令部、军种部、国家部局和预备役部队中抽调了大量的目标定位人员、外语翻译人员，较好地满足了情报支援的人员需求。

后勤增援计划涉及情报装备物资的采购、储存、输送、分发和维修；

情报人员的输送、后勤和医疗；情报基础设施的建造、维修以及野战勤务等方面事项。美军认为，情报支援行动中的后勤增援计划应突出各阶段的保障重点和主要装备物资的输送，要注重采用多种保障方式，使情报力量得到不间断的补给和勤务支援。同时，后勤增援计划还应体现随机应变、反应灵敏的特点，满足情报力量在应对危机时提出的紧急需求。

第二节　综合运用高精技术侦察手段与传统侦察方式，构建全天候、立体化侦察监视体系

美军认为，"任何一种侦察手段都不可能满足所有的情报需求，而且没有足够的侦察手段来满足所有的需求"[1]。因此，为了夺取情报信息优势，美军综合运用各种侦察手段，建立涵盖航天侦察、航空侦察、特种部队侦察、地面数字化侦察以及公开来源情报分析等全维情报支援体系，力求实现对战场态势的实时感知和全源共享，满足国家指挥当局和各级指挥官对情报信息的需求。

一、以航天侦察构筑空间侦察网

航天侦察是指利用航天侦察卫星及目标监视系统，对战场中的各种目标进行侦察、监视、跟踪，以获取敌方重要情报的行动。航天侦察是美军获取战略情报的主要手段，也是美军情报支援体系中最重要的侦察手段之一。美军通过航天侦察能够大范围、高速度、受限少地全面掌握战场态势，准确判断敌方的企图。伊拉克战争中，美军使用 90 多颗侦察

---

[1] 美国陆军 FM3-90 野战条令《战术》下册，2001 年版，第 641 页。

卫星，不仅能够及时提供战场相关目标的图像和数据，还可全时监听进出伊拉克的所有手机、卫星电话等通信，从中搜索有价值的情报信息。美军在海湾上空部署的"大酒瓶"等侦察卫星昼夜监听伊拉克等国的通信，获取了大量的无线电信号情报，有力支持了美军在伊拉克战场上的目标识别与精确打击行动。美军航天侦察行动主要包括如下四种。

（一）战场动态监视

战场动态监视的主要任务是掌握敌方兵力和作战能力的变化，及时发现战争爆发的征候；监视战场态势和作战进程发展；查明敌方军事目标和国防工业设施的位置、性质和能力；查明敌方阵地编成、兵力部署、工事构筑及作战地区地形情况。美军进行战场动态监视的侦察卫星主要是"锁眼-11""锁眼-12"和"长曲棍球"侦察卫星。"锁眼-11"是美国第5代光学成像侦察卫星，它采用光电数字成像和实时图像传输技术，抛弃了胶卷回收方式，拍摄图像经数字转换后，可直接传回地面接收站。它既能普查，也能详查，普查时分辨率为1～3米，详查时分辨率为0.3米，可区分地面上的军队和平民。该卫星还具有轨道机动能力，可以根据指令改变轨道平面更快地飞临重要目标上空进行侦察拍照。"锁眼-12"是美国第6代成像侦察卫星，继承和发展了前几代侦察卫星的优点，而且成像效果有了较大提高，其地面分辨率达到0.01米，并能在光线不足或完全黑暗的条件下拍摄目标。"长曲棍球"雷达成像卫星是一种全天候、全天时新型雷达成像卫星。凭借高分辨率合成孔径雷达，该卫星能够克服雨雪云雾和夜暗等不利条件影响限制，对地面清晰成像。该卫星不仅适于跟踪机动式导弹和装甲车辆的活动，还能透过伪装发现隐蔽的武器装备和假目标。

（二）电子侦察

电子侦察的主要任务是通过跟踪、搜集敌方无线电和雷达参数，确定敌方防空雷达、反导弹雷达、军用电台的精确位置，以及电子系统的性质、活动情况，进而分析敌方军队的调动、部署乃至战略意图；同时，也可以验证其他侦察手段获取的情报，以便美军对目标进行干扰、监听和摧毁。美军主要的电子侦察卫星有"百眼巨人""漩涡""大酒瓶""折叠椅""号角"五种类型，其中以"大酒瓶"和"折叠椅"最具代表性。"大酒瓶"电子侦察卫星具有较强的星上信息处理能力，其大型天线可接收 100 ~ 20000 兆赫兹的所有信号，可用于截获雷达、微波通信、无线电话等信号，其覆盖范围包括整个欧洲、非洲、中东和俄罗斯。在海湾战争中，"大酒瓶"卫星就曾对伊拉克的无线电通信和广播进行监听，取得不错的效果。"折叠椅"属于大椭圆轨道型电子侦察卫星，由两颗卫星组网工作，能保持对高纬度地区不间断覆盖，可用于截获通信卫星的信号，也能侦收相关地区的电子信号和反弹道导弹相控阵雷达的信号。

（三）海洋监视

海洋监视的主要任务是通过目标成像和截获舰船上的雷达和无线电设备发出的信号，进行综合处理，实现对海面舰艇、潜艇的探测和跟踪，并对海岸地势、海水温度、风力风向、海流等气象水文数据进行测定。美军主要依靠"白云"系列海洋监视卫星实现对全球重要海域的实时监控。"白云"海洋监视卫星具有轨道精确、侦察面积大、工作寿命长、传递情报近实时的特点。它以 4 组 16 颗卫星的体制组网工作，侦测频段覆盖 154 ~ 10500 兆赫兹，定位精度达到 2 千米，能每昼夜对同一海域监测 30 多次。卫星上的无线电接收机可截收到 3000 千米远的信号，装载的毫米波辐射仪和红外扫描仪还可以探测核潜艇。同时，"白云"系列海洋监视卫星还是为装备有战斧巡航导弹的美国战舰提供超视距侦察和目标指引的主要手段。

（四）导弹预警

导弹预警的主要任务是探测、发现、跟踪弹道导弹的发射与飞行，及早发出导弹来袭警报，预测其弹道和落点。美军在轨的"国防支援计划"

导弹预警卫星由 5 颗卫星组网，其中 3 颗工作、2 颗备用，采用地球同步轨道，覆盖全球绝大多数地区。卫星收到的信息分别传送至澳大利亚松峡地面站和美国科罗拉多州巴克利处理站，经处理后分发至北美航空航天防御司令部、战略司令部、国家军事指挥中心等部门。它可对来袭的洲际和潜射弹道导弹分别提供 25 ～ 30 分钟和 10 ～ 15 分钟的预警时间，对战术导弹也有一定的预警能力。在海湾战争中，美军把至少 2 颗"国防支援计划"卫星调至战区上空，专门用于监测伊军发射的"飞毛腿"中程导弹，能提供 4.5 ～ 6 分钟的预警时间。据称经过改进，新型"国防支援计划"卫星探测"飞毛腿"一类导弹的发射并发布预警信息的时间已缩短为 1 分钟以内。

二、以航空侦察对战场实施全程监视

航空侦察是美军实施战场情报搜集活动的主要手段，其连续侦察战术和战役纵深之敌的能力、高度的可靠性和机动性，使航空侦察无论是在战术还是战役环节都是其他侦察手段不可取代的。美军航空侦察主要由空军、陆军、海军及海军陆战队的空中侦察力量实施，遂行战术侦察和战略侦察任务。战术侦察的主要任务是获取战场上或战役纵深内敌方兵力部署、武器装备、工事构筑、交通运输、地形及气象等情报信息，揭示敌方的作战意图和行动。战略侦察主要为国家指挥当局和作战指挥官获取决定战区战略和制订联合作战计划所需的有关地方战略目标情报，通常利用战略侦察机飞临对方沿海、边境地区或内陆纵深上空实施。按照侦察平台划分，美军航空侦察行动可以分为四种形式。

（一）有人驾驶飞机侦察

有人驾驶飞机侦察是美军进行航空侦察的主力，具有反应灵活、快速机动的特点，能准确、及时地完成对大范围、远纵深战场情况的侦察，有时还能直接引导火力、兵力突击重要目标。美军有人驾驶侦察机大多装备了可见光或红外照相机、侧视成像雷达、航空摄像机以及电子侦察设备，能够遂行战略、战术侦察任务。美军目前主要使用 U-2 高空战略侦察机、RC-135 电子侦察机、EP-3 电子侦察机、P-3C 反潜机等装备，具备远航程、高升限、全时侦察能力。例如，U-2 高空战略侦察机可从 2 万米高空拍摄地面目标，正面宽度范围可达 150 千米，纵深 3400 千米，能连续拍摄 8 小时，航程达到 1.06 万千米；P-3C 反潜机能够识别 90% 的已存储特征样本的潜艇，并装备探测和跟踪雷达、无线电和其他通信手段的电子窃听装备，可执行电子窃听和监听地面电子通信等任务。此外，F-16、F-18 等战斗机也因通过加装侦察吊舱而具备侦察功能。

（二）无人机侦察

无人机侦察是美军航空侦察的新兴侦察方式，它以成本低、隐蔽性好、可用性高、机动灵活等优点受到美军的青睐。在战场上，美军无人侦察机能够为指挥官提供实时的图像情报、电子情报和视频，主要遂行目标侦察监视、战场毁伤评估以及精确打击等任务。美军目前主要拥有空军的"捕食者"和"全球鹰"、海军和海军陆战队的"先锋"以及陆军的"猎人"和"影子 200"等无人侦察机，活动范围涵盖远、中、近程，既能够为国家指挥当局提供有关重要人物行踪的情报，也可以执行师及师以下部队的战场侦察监视任务。在阿富汗战争中，美军首轮空袭前 5 小时，"全球鹰"无人机就秘密完成了对阿富汗境内重要军事目标的侦察定位行动，有力地保证了首轮空袭的打击效果。

（三）直升机侦察

直升机侦察是美国陆军直接控制的航空侦察手段之一，具有独特的战场侦察优势。它能够在"一树之高"的高度隐蔽地进行侦察，也能以较慢的飞行速度对敌方整个战术纵深进行侦察监视。美军主要赋予侦察直升机通过目视或其他探测手段获取敌军活动和部队的情报，以及有关气象水文、地形地貌等信息；同时强调，直升机侦察应实施于战斗之前、之后和之中，持续为地面部队指挥官提供情报信息。美军现役的侦察直升机主要有 OH-58D、OH-6，其中广泛使用的是 OH-58D 侦察直升机。该型直升机是陆军轻型侦察直升机，升限 3660 米，正常巡航速度为 222 千米 / 小时，主要编入陆军师攻击直升机营、炮兵部队和侦察部队，执行昼夜间侦察任务，可以为精确制导武器指示目标，为地面炮兵提供空中观测数据，还可为反坦克、空降兵和野战炮兵提供侦察与目标搜索支援。

（四）预警机侦察

预警机侦察是美国空军遂行机动预警、侦察监视、指挥控制的主要手段，也是美军航空侦察系统中的重要组成部分。当预警机执行侦察监视任务时，通过机载电子侦察系统，可以探测地（海）面预警雷达探测范围以外的电磁辐射源，具有快速时间响应和高精度频测能力，能迅速发现、识别、测定敌方电子信号的方位和参数，并将探明的敌方导弹制导雷达、预警雷达、机载火控雷达等参数贮存在数据库中，供己方飞机规避使用。在作战时，美军预警机一般部署于己方控制空域中，或在作战机群后方进行战场控制与伴随指挥引导。美军主要装备的预警机有 E-2C、E-3 及 E-8A 系列。其中，E-8A 预警机是美空军和陆军联合研制的联合监视与目标攻击雷达系统飞机，专门用于对地面目标进行探测、跟踪并引导己方兵器将其摧毁的地面战场管理系统，对地探测覆盖区最大可达 512 千米 ×512 千米，能对 4 千米 ×4 千米或 8 千米 ×8 千米局部范围内的地面桥梁、公路、汽车、坦克和低空直升机等目标进行精确定位。

三、以特种侦察为重点突出人力情报作用

人力情报是指"从人搜集和提供的消息中提炼出的情报"[1]。美军认为，"人力情报往往能提供最有价值的情报来源。在美军抵达时如果人

---

[1] 美军 JP2-0《联合情报纲要》，2013 年版，第 167 页。[R／OL].(2013-10-22) [2014-11-05].https://militarydictionary.org/source/joint-intelligence/.

力情报设施还没有到位，必须尽快将其部署到位"[1]。美军人力情报主要通过派遣间谍、派出侦察分队和特种作战部队、审问俘虏等方式获得，其中尤其重视使用特种作战部队以传统的侦察手段遂行特种侦察任务，以弥补高技术侦察手段的不足。美军特种作战部队实施的特种侦察涵盖战略、战役、战术各个层次，目的是搜集或核实有关敌方企图、能力和行动的战略或战役情报，以及特定地区的气象、水文、地理等作战环境资料。行动时，特种作战部队通常以小组为单位深入敌方阵地或纵深，采用先进的侦察装备对敌人实施侦察与监视，并通过窃听、照相、捕俘等方式及时获得有价值的情报。美军特种侦察主要分为三种行动类型。

（一）战场侦察与监视

战场侦察与监视指特种作战部队运用目视侦察或技术侦察获取敌方情报及监视敌人兵力部署、兵力调整和作战企图的行动。例如，海湾战争前，美海军"海豹"小队就提前开始在沙特与科威特边界地区活动，对伊军布雷艇在科威特领海所进行的布雷活动进行了拍照，全面掌握了伊军的海上活动情况，为美军进攻部队提供了伊军岸防报告。美陆军特种部队第5特种大队以侦察小组的形式，对伊拉克南部宽500千米、纵深300千米范围内的伊军部署与调动情况进行了长时间、不间断的侦察监视，对纵深内的重要目标进行侦察定位，为尔后的火力打击创造了条件，并对主力部队的预定攻击路线进行了细致勘察，保证了战斗中地面部队的快速、精确战场机动。

（二）秘密情报搜集

秘密情报搜集指特种作战部队使用专用的侦察手段和情报搜集技术，隐蔽获取情报和对现有的情报核查校对的行动。这种行动通常在战争或

---

[1]　美军 JP3-0《联合作战纲要》，2006 年版，第 334 页。[R/OL].(2006-9-17)
[2008-04-15].https://www.jcs.mil/Doctrine/.

冲突危机发生时实施，具有高度的隐秘性。海湾战争前，美军专门从陆军"绿色贝雷帽"特种部队中挑选了一批长相与伊拉克人相似、能说流利阿拉伯语的美籍阿拉伯人后裔官兵，把他们分成若干个行动小组，深入伊军控制下的科威特境内执行敌后侦察任务，为空袭计划的制订提供了准确的情报。战争爆发后，特种作战部队使用电台和激光指示仪，为远程精确制导武器、空中突击火力指示目标，校正方位，核查打击效果。在阿富汗战争中，中央总部派出的特种作战部队以5人或12人组成行动小组，使用 GPS（Global Positioning System，即全球定位系统）为联合制导炸弹指示目标，并及时向指挥部和执行轰炸的空中部队报告打击效果，同时也为北方联盟申请空中火力支援。伊拉克战争期间，美军"三角洲"部队又潜入巴格达，钻进小巷和下水道，把窃听器接到光纤通信网络上，窃听伊拉克的电话联络，对掌握伊高层动向起到关键作用。

（三）定向搜索与摧毁

定向搜索与摧毁指在空中侦察、卫星侦察等技术性侦察的基础上，对某一特定的目标，如高技术兵器、补给基地等进行进一步的精确定位，并视情况予以摧毁的行动。在海湾战争中，美军在搜索伊军的机动式"飞毛腿"导弹发射架时，特种侦察就成功地发挥了重要作用。由于机动式"飞毛腿"导弹发射架"打一枪换一个地方"，难以从空中发现并准确判断其位置，美军就派出特种作战部队渗透到伊拉克境内纵深，运用定向搜索的方法，侦察到伊拉克机动导弹发射架后及时给予摧毁。整个战争期间，美军特种作战部队共发现了40多个隐蔽的机动式"飞毛腿"导弹发射架，大大缓解了联军部队面临的导弹威胁，这一行动也充分体现了特种侦察查打一体的特点。

四、以地面技术侦察灵活获取战场情报

地面技术侦察是美军作战中在陆上实施的基本侦察方式，主要使用

雷达、光电和电子侦察器材以及战场地面传感器等专用装备，对敌方特定区域实施全时域、多频段的侦察和监视，获取有关战略、战役、战术各级情报。在联合作战中，美军侦察力量可根据战场情况和指挥官的需求，灵活运用多种侦察监视手段和方式获取情报。美军在地面技术侦察中，主要利用固定侦察站、机动侦察装备、便携式侦察装备等实施侦察行动。

（一）利用固定侦察站实施侦察

美国固定侦察站一般装备有大功率无线电侦听侦收设备和各种先进雷达，部署在全球战略重点地区或主要侦察对象周边，截获对方的无线电信号和进行雷达目标探测，具有侦察距离远、受自然条件限制小、组织实施安全等特点。这些固定侦察站既有美国军方控制的，也有许多是由美国政府部门建设使用的，在美军实施联合作战时，都能够通过各种渠道及时、可靠地为国家指挥当局和联合部队指挥官提供情报支援。目前，美国在世界各地建有大型固定侦察站数百处，在历次局部战争中，都发挥了不可取代的重要作用。例如，为了确保"沙漠盾牌"和"沙漠风暴"行动的顺利实施，美军临时部署或启用已有的固定侦察站39座，分布在土耳其、沙特、阿曼等伊拉克周边地区，对伊拉克的雷达、通信和作战指挥控制系统进行了详细侦听，掌握了伊军许多重要情报信息，有力地支援了多国部队的部署及作战行动。

（二）利用机动侦察装备实施侦察

美军在实施地面技术侦察时，非常注重使用各种装甲侦察车辆和将普通的光电器材、电子侦察器材安装于各种轻型车辆上，形成机动侦察能力。这些机动侦察装备具有运动速度快、情报获取及时、独立侦察与作战能力强等特点，能够有效提供对空警戒，获取作战当面之敌指挥系统、雷达装备等电子信息，及时对目标进行精确测向和定位，并以此判明敌兵力部署、阵地编成，以及重要军事设施（目标）的具体位置、数量和性质，供指挥官制订作战计划和实施作战行动时使用。美军陆军军以下部队、海军陆战队陆战师及各军种特种作战部队主要使用机动侦察装备实施侦察。特别是经过模块化转型后的陆军，更是将机动侦察装备作为实施战术侦察的主要手段。例如，"斯特赖克"旅战斗队就装备有 24 辆 M1127装甲侦察车，在使用中继站实施信号接力传输的情况下，侦察范围能有效地覆盖 80 千米地域纵深；其炮兵分队 M1128 移动火炮系统装备有"夜间征服者"热像仪，可在恶劣天气条件下穿透战场遮蔽进行 360° 态势感知和目标评估。

（三）利用便携式侦察装备实施侦察

美军认为，对于独立执行侦察任务和稳定行动的小股部队来说，传统地面技术侦察装备往往因体积、重量过大不能及时派上用场，而轻便的侦察装备在这方面尤为重要。因此，美军十分重视近程雷达、地面传感器、战场机器人、手持式激光测距机等便携式侦察装备的战场使用。在利用便携式侦察装备实施侦察时，美军通常将侦察力量作抵近式配置，通过与敌近距离接触，隐蔽地获取有关情报信息；也可以将地面传感器之类易于抛撒、投掷的装备通过炮兵、飞机、侦察分队布设于敌阵地前沿、指挥所、通信枢纽、重要通道附近，获取敌目标性质、运动方向、行进速度等战术情报，以弥补其他侦察装备的"死角"。例如，美军专门为侦察和特战小组装备了一种可用迫击炮发射的侦察弹，该侦察弹由数码相机等部件组成，可以透过障碍物侦察战场。

此外，美军还使用海洋监视船、电子侦察船以及水面舰艇、潜艇、无人潜航器等海上（水下）侦察装备，对海面、水下、空中和岸上目标进行侦察。其搭载的雷达、无线电技术侦察设备、照相侦察设备、光电侦察设备和声呐等与航空侦察和地面技术侦察大致相似，在此不再赘述。

五、以公开来源情报作为重要补充

公开来源情报是指"有潜在的情报价值并可被大众获得的情报资

料"[1]，主要来自电台、电视台、互联网、报刊、文献报告等公开合法渠道。它具有来源多、数量大、内容广泛及风险性低的优势，是美军乃至美国获取情报的重要传统手段之一。美军认为要满足情报需求，首先应考虑是否能从公开来源获得。公开来源情报的可用性及深度、广度能够使情报机构在不使用人力或技术搜集手段的情况下满足多方面的情报需求。同时，这也可以使谍报等情报机构集中力量去完成一些更"复杂"和更"专业"的任务，起到了封堵"情报缺口"的作用。美军获取公开来源情报主要从战略和战役及战役级以下两个层次展开。

战略级搜集行动主要由中情局公开来源中心牵头组织，重点协调各国家情报机构、民间学术团体进行各领域、多样化的情报搜集和研究活动。战略级搜集行动通常根据任务的需要，由某个方面的专家组成一个工作团队，以情报用户的需求为出发点和目标开展工作。团队中的每个成员既参与公开情报的搜集，又在对目标有共同理解的基础上进行情报分析，并将最终形成的综合情报产品提供给情报用户。这种工作方式集搜集、分析和处理职能于一体，既避免了搜集人员与分析人员之间需求与目标脱节的问题，又融合了以往搜集人员进行初级分析、分析人员进行综合研判的工作分工，使情报工作流程更加简捷。同时，美国情报机构还充分利用网络工具，建立"情报百科"等情报共享平台，情报人员可以根据授权浏览和使用不同密级的情报信息，大大增强了情报工作内部的开放性和协作性。

由于作战环境日益复杂和作战部队情报能力不断提升，美军越来越重视公开来源情报对战场作战行动的直接支援。美军认为，公开来源情报可以为指挥官和作战部队直接提供实施军事行动所需的有关自然和人为因素的信息，是情报支援不可缺少的一部分。美军战役级及战役级以下搜集行动主要由各军种部队组织实施。美陆军亚洲研究特遣队是一支

---

[1] 美军JP2-0《联合情报纲要》，2013年版，第198页。[R/OL].(2013-10-22)[2014-11-05].https://militarydictionary.org/source/joint-intelligence/.

专门的公开来源情报搜集部队，隶属于美国陆军第 500 军事情报旅，主要负责对涉及中国、朝鲜及其他亚洲国家军事实力、军队部署和战备情况的所有可访问信息进行搜集、处理和分析，还对亚太地区的政治、经济和社会局势进行监控。除了成建制搜集力量以外，美军还通过调整任务、增配人员装备的方法，增强一线部队的公开情报搜集能力。例如，美军第 3 机步师的一支通用地面站小队在伊拉克部署时，就改变任务，充当公开来源情报分队，从各种媒介获取战场情报，取得了较好的效益。当一些部队不具备公开来源情报搜集能力时，军事情报旅等建制情报力量就会为其提供人员和装备的支援，帮助其形成情报搜集能力。

第三节　科学处理并全面分析，
加强情报信息的综合开发利用

美军认为处理和分析是把信息转变为情报的活动，通过对单一来源或多个来源的信息进行转换、整合、评估、分析，最终形成全源情报，满足指挥官及部队的情报需求。它是美军联合战役情报支援中的重要过程和关键行动，需要由从国家到战术各级情报机构共同协作完成。美军情报搜集单位、联合情报行动中心、各国家级情报机构根据《国防情报分析计划》任务分工，通过信息网络，在地理位置分散的情况下，合作进行处理和分析活动。

一、细致分类，便于情报处理与利用

美军情报种类多样，区分繁杂，参与情报支援行动的军事和非军事机构众多。如何科学划分情报分类，关系到情报任务分配的科学性和分析、利用情报的效率。因此，美军非常注重对各种情报按照类型、来源进行分门别类的处理和利用，提高情报支援工作的针对性。这种细致分类的方法集中体现在对信息的预处理上。

美军实施情报处理通常有人工和自动化两种手段。这两种手段既可以单独使用，也可以结合使用。美军一般将搜集到的信息进行相互关联，然后将其转化成适合情报分析人员方便使用的形式，主要内容包括影像的初期判读、数据格式的转换、文件翻译、信号解密以及分类检索等。美军认为在这些活动中，"不同类别的信息需要进行不同程度的处理才能使用"[1]。情报人员必须根据信息的数量与类别科学安排工作任务，按照不同情报来源实施不同的处理方法，确保信息的处理与加工能够和指挥官的优先情报需求保持同步。美军通常将情报分为七类分别进行处理与加工。

（一）人力情报的处理与加工

人力情报的处理工作主要由联合部队和军种组成部队的情报搜集单位、反情报与人力情报参谋小组实施，采用撰写报告、翻译文件、保存归档等方法，其中所有缴获的敌方文件都要上交联合部队情报部文件利用中心统一进行集中处理。

（二）地理空间情报的处理与加工

地理空间情报包括图像、图像情报和地理空间信息，其处理工作主要由国家地理空间情报局承担。图像是由卫星、侦察飞机及其他类似手段（但不包括人力情报机构通过手持照相机或者秘密照相）等直接获取的图片或相片。图像情报是通过对图像或间接材料进行判读和分析获得的技术信息、图形信息和情报信息，主要通过光电、雷达、红外、多光谱及激光等传感器获得。地理空间信息是用于识别地球上自然物体或建筑

---

[1]　美军 JP2-0《联合作战情报支援纲要》，2000 年版，第 21 页。

的地理位置和特征的信息，包括统计资料，从其他事物、遥感、制图和测量技术中得来的信息，以及绘图、制表、测量数据和其他相关产品。

地理空间情报的处理工作主要是图像开发，通过对图像的评估和处理，抽取相关信息要素。处理工作主要过程分为三个阶段：第一阶段是时间主导开发，在获得影像的 24 小时内完成开发和结果报告。这个阶段主要是为满足优先的和即时的情报需求，如确定敌方主要的调动和行动。第二阶段主要是提供经过组织的、能够被广泛理解的、针对特定需求的情报，通常在收到影像 1 周之内完成。第三阶段是对获得的所有影像进行深入和长期的开发，提供特定设施、目标和活动的详尽的、权威的报告。这个阶段的开发没有时间界线，但通常超过 1 周。

处理结果通常转换为两种格式：一是常规格式，即从胶卷转变为照片、普通纸图；二是电子格式，即形成容易保存于数据库中的数字地图、二维透视图、三维地形图等。电子格式比常规格式具有更高的时效性、易分发性以及更多的利用能力，是美军地理空间情报处理结果的主要形式。

（三）信号情报的处理与加工

信号情报包括通信情报、电子情报和外国仪器信息情报。处理工作主要是将截取的信号情报转换成文字、口头报告、图表或电子文档。通信情报的处理工作既可以由支援联合部队的国家安全局、中央保密局或国防部机构负责完成，也可以由作战司令部联合情报行动中心内的指定单位或军种组成部队情报机构完成。电子情报由国家级的电子情报中心和作战司令部联合情报行动中心负责处理。外国仪器信号情报的处理则由专门的国防部和军种情报机构完成。

（四）测量与特征情报的处理与加工

测量与特征情报是"提供通过技术手段提炼的情报，可以据此来探测、定位、跟踪，识别和描述固定和动态目标物体及来源的具体特征"[1]。以巡航导弹的航迹和航程为例，其处理工作主要由国防情报局测量与特征情报技术搜集处和各军种的科学与技术情报中心负责，内容包括对电磁数据、雷达数据、无线电频率数据、地球物理数据、材料数据、核辐射数据等进行转换。

（五）公开来源情报的处理与加工

公开来源情报的处理就是应用户的要求，将文本、图表、声音和动态的图像进行转换、翻译与格式化。例如，对外国广播和媒体播发的文章进行翻译或将其数字化。国家级的处理工作由中情局国家公开来源中心实施，各战区情报部和军种组成部队情报机构负责各自职权范围内的处理工作。

（六）技术情报的处理与加工

技术情报是指"通过开发和利用外国的器材和科学信息而获取的情报"[2]。在联合作战情报支援中，美军主要通过缴获敌方装备来获取技术情报。联合缴获器材利用中心是战区级负责处理技术情报的主要机构，其承担除计算机存储介质、视频与数字记录带以及媒体设备外的所有装备信息的处理。

（七）反情报的处理与加工

美军认为，对反情报信息进行有效处理和开发能够为联合部队预警和防护工作提供重要情报。美军对反情报的处理与对人力情报的处理相似，主要也是撰写报告和翻译文件等内容，其中特别强调，应将执法信

---

[1]　美军 JP2-01《联合与国家情报对军事行动的支援》，第 57 页。

[2]　美军 JP2-0《联合情报纲要》，2013 年版，第 173 页。[R/OL].(2013-10-22) [2014-11-05].https://militarydictionary.org/source/joint-intelligence/.

息和可疑行动报告作为情报处理的重要信息来源。反情报的处理工作一般由情报搜集单位负责完成，在联合部队一级也可以由联合参谋部情报部反情报和人力情报机构完成。

美军认为，通过以上细致地划分情报种类，可以有效地提高情报的利用效率。但是，除了一些时效性强的信息外，经过处理的大部分信息还不完全适于进行分析和评估，不能作为情报产品分发给用户，还需要作进一步分析和评估。同时，由于一般情况下情报搜集单位也控制着相关类型情报的处理设备，如空中侦察和地面技术侦察，因此还要做好各级情报机构之间的协调工作和装备系统的兼容互通。

二、借助联合作战环境情报准备，分析环境研判敌情

联合作战环境情报准备是指"联合情报机构用来进行情报评估、判断和其他情报产品生产以支援联合部队指挥官决策的分析过程"，是美军进行情报分析和整理活动的重要工具和程序。这一情报分析模式侧重使用宏观分析方法，通过确定作战环境中对行动的影响因素，判明敌军的战略弱点和重心，进而判断、预测敌军的意图以及为阻止己方完成联合作战任务而最有可能采取的行动方案。美军具体实施时的步骤是界定作战环境、描述作战环境的影响、评估敌方威胁和判断敌方行动方案。

（一）界定作战环境

作战环境是指"一系列影响能力的运用和指挥官决策的条件、环境和影响因素"[1]，不仅包括物理领域（陆、海、空、天）、信息领域（电磁、网络），还包括认知领域（文化、社会、思维）等全方位的环境。美军认为，界定作战环境对联合作战环境情报准备过程至关重要，是成功实施联合

---

[1] 美军 JP3-0《联合作战纲要》，2006 年版，第 434 页。[R/OL].(2006-9-17)[2008-04-15].https://www.jcs.mil/Doctrine/.

战役行动的基础，主要进行以下三方面的工作。

一是明确作战环境的地理区域。美军将作战环境包含的地理区域分为作战地域、影响地域和关心地域三种。作战地域指实施军事行动的地理区域的总称，包括责任区、战争区、作战区、联合作战地域、两栖目标地域、联合特种作战地域等，是由详细地理界线划分的空中、陆地和海洋构成的立体区域。影响地域是指挥官可通过其指挥和控制下的机动或火力能力来对作战行动施加直接影响的地理区域，范围通常大于指挥官被赋予的作战地域。关心地域通常大于影响地域，在该地域内可能包含妨碍己方部队完成行动任务的因素，一般要延伸至敌军占领地区。关心地域是美军在作战地域以外情报支援行动主要关注的地区，重点侦察监视可能对当前或未来作战行动有影响的敌军或行动。美军强调，在划分关心地域时要充分考虑敌军的力量投送能力、后勤支援能力和机动能力，尽量将可能的威胁因素纳入侦察监视范围。

二是分析作战环境特征，即对作战环境中的各个相关因素进行概略分析，以确定对联合作战行动有重要影响意义的因素特征，为下一步评估作战环境奠定基础。美军指出，作战环境内所有可能影响联合部队完成任务的因素都要考虑在内。内容包括：地形、气象、水文等自然条件；人口、民族、宗教、年龄分布等人文条件；经济制度、政治团体及派别、工农业生产等社会政治经济条件；交通、通信、建筑物、机场、港口等基础设施；国际条约、协定和交战原则等法律约束；敌方军事总体能力和战略目标以及决策层思维方式、心理状态等信息；中立方和潜在敌方盟友的行动及能力。美军认为由于时间有限，不宜对每类因素都分析得非常详细，要把时间和精力集中用于对指挥官计划和部队行动最重要的部分，至于详细、全面地分析和评估则是后续活动需要解决的问题。

三是对现有的情报数据库的内容进行评估，确定情报的空缺和需优先搜集的情报。联合部队情报部门在理解指挥官作战意图、分析作战环境的基础上，评估情报数据库中已有的情报信息，确定哪些是可以利用的，哪些是还未获得的，提出相应的情报搜集需求。并且，情报部门还要根据指挥官优先情报需求以及时间限制要求，确定搜集情报、信息的优先顺序和详细程度。当收到新的信息和情报后，情报部门要对情报数据库进行更新，并对先前的分析和假定做出评估。

（二）描述作战环境的影响

描述作战环境的影响主要是通过对作战环境的分析，评估作战环境对敌我双方军事活动的影响。这一环节对作战环境的再分析是建立在"分析作战环境特征"基础上的，是更加深入一层的，重点是将作战环境与作战行动相结合，判断各种环境条件对己方和敌方部队能力及各种行动方案的影响。

美军认为，作战环境分析的详细程度取决于任务性质、敌方与己方的总体能力，以及各类因素对具体作战行动的影响和重要性。通常情况下，因为作战地域对己方军事行动的影响更大，所以对作战地域的评估要比对关心地域的评估更详细。而且，不同地区地理情况的复杂程度不一样，导致分析程度和侧重点不一致。美军将作战环境分为陆地、海洋、空中、太空、电磁、网络、人员、气象、其他因素九大方面，分别对各个方面的构成要素和影响因素进行分析，并评估它们对军事行动的影响。例如，在分析陆地方面时，美军重点进行地形分析，并将其细分为视野和射界、隐蔽与掩蔽、障碍、关键地形和接近路等要素，然后评估这些要素会如何影响作战行动，进而判断己方采取何种行动能最好地适应和利用地形条件，而地形又将如何影响敌人可能采用的行动方案。在分析气象情报时，美军则强调要从两个方面着手，一是气象改变作战环境的能力，二是气象影响军事行动的能力，综合评估其间接和直接对作战的影响。

评估的结果通常以简报、透明图、书面分析或情报判断的形式提供给联合部队指挥官，其中以透明图最为常见。美军在描述作战环境的影响时，要根据影响因素的种类、程度以及相互关系，明确"不受限""一般受限""严重受限"的地形和区域，并同关键地形、作战地域、接近通道、武器打击范围、关键基础设施等结合起来，形成诸如综合陆上障碍透明图、综合海上障碍透明图、综合空中障碍透明图、综合空间障碍透明图和综合电磁频谱障碍透明图等的情报产品。这些综合障碍透明图不但可以大大简化分析的程序，提高分析效率，还能协助情报部门从敌人的角度评估作战环境，判断敌军的行动目标。

（三）评估敌方威胁

评估敌方威胁是在假定没有作战环境影响的理想情况下，查明并评估敌人的重心、关键弱点、能力、局限，以及所采取的作战原则和战术、技术。这一过程主要是通过研究敌军的作战理论和作战经验，推断其在一般情况下如何作战，从而作为判断敌军行动方案的基础。主要任务包括以下四个方面。

一是识别敌人的重心。美军认为重心是指"可以提供行动自由、实际力量和作战意志的源泉""作战环境内的每一个实体都仅有一个重心"[1]。美军将重心分为战略、战役、战术三个层次。联合战役作战，重心主要包括敌重兵集团、指挥控制中心、大规模杀伤武器系统、后勤基地、交通线等；在战术级层面，重心主要包括战术指挥所、关键阵地、战斗部队以及某一战斗支援兵种等。美军分析重心是在了解总的作战环境之后，详细研究敌军部队之前进行的。情报部门通过判断敌人的领导层、已部署的部队、基础设施、资源等要素，确定敌人的重心组成。在确定重心的过程中，还要详细研究这些重心是怎样影响敌人的决策和行动方案的，为制订联合作战计划、确定打击目标提供重要依据。

二是建立或更新敌军模型。美军通常依据敌军的作战思想、条令和

---

[1] 美军JP3-0《联合作战纲要》，2006年版，第200页。[R/OL].(2006-9-17)[2008-04-15].https://www.jcs.mil/Doctrine/.

武器装备，建立并不断更新敌军模型，来描述在理想条件下敌军将如何作战。模型包括三个部分：条令模板、对敌人的战术和选择方案的描述、高价值目标的确定。条令模板是根据已掌握的敌军作战条令，按一定比例在图上描绘出敌军实施某种具体作战行动而做的典型部署，用来表现敌军在不受限制的情况下可能采用的用兵模式。除了在条令模板上以图形的形式描述敌人的行动外，敌军模型还必须对其战术和倾向选择的行动方案进行文字说明，重点描述敌人预期可能实施的各种作战行动和支援行动，以及行动成功或失败后可能采取的后续行动。高价值目标是敌军指挥官完成任务而需要的资源。美军情报部门通过对条令模板和描述文字的研究，找出这些对敌军至关重要的目标，便于己方实施打击行动。

三是判断当前敌情。美军认为在识别敌人重心和建立敌军模型之后，应当不断利用现有情报来源、手段与情报数据库来努力分析并判断当前的敌情，为确定敌方行动方案做好准备。判断的依据应当以敌军的编成、部署、兵力、战术、技术、训练程度、后勤等为主要内容。在分析敌情时，美军主要将注意力集中于部署在关心地域内、可能干扰其完成任务的敌军部队上。

四是确定敌方的能力。美军认为衡量敌方的能力应当以敌军实施相应的作战及支援行动为着眼点，分析敌军在这样的作战环境中有能力进行什么样的作战行动，没有能力开展哪些行动。为便于评估，还要将常规作战中进攻、防御、增援和后撤四种基本行动类型进一步划分，结合具体作战样式详细分析。美军一般将建立的敌军模型和当前敌情进行对比，根据实际情况，评估敌军是否有能力达到模型中规定的标准。如果达到或超过标准，该项能力就被认为是敌军的强项；反之，则被视为弱点，要加以利用。情报部门应尽快将评估的结果以安全、迅速的方式分发给其他参谋部门，以及时制订作战计划。

（四）判断敌方行动方案

联合作战环境情报准备的主要目标就是判断敌方的行动方案，为指挥官决策提供依据。这一环节主要是根据前三步评估的结果，分析敌军可能采取的各种行动方案，并确定其中最可能的方案，以及对己方威胁最大的方案。

第一，确定敌军可能的作战意图。作战意图是作战行动的依据和基础。美军认为通过分析敌人当前的政治与军事态势、战略与作战能力以及国家领导层的决策模式，可以判断敌人可能的作战意图以及追求的最终目标。情报分析人员应先判断敌方总体战略目标，然后判断作战目标以及各具体行动目标。在判断过程中，情报人员应尽可能掌握关心地域内敌军的兵力、部署、指挥官特点等情报，以此作为判断敌军行动企图的重要依据。同时，如果现阶段掌握的情报信息不足以确定敌人的意图，情报部门可以对敌人的行动目标进行假设，并及时与联合部队指挥官和作战部门协调，说明情况，待证实后进行修正。

第二，确定敌军所有可能的行动方案。在掌握作战环境和敌军情况的基础上，美军会制定一个关于在当前情况下敌人所有可能行动方案的综合清单。清单中所列行动方案要同时满足五项标准：一是适合性，即方案必须有助于敌人实现的目标或达到所追求的最终状态；二是可行性，即敌人必须有足够的时间、空间和资源来实施这一行动方案；三是可接受性，即行动方案具有的风险应在敌人可承受的范围内；四是独特性，即每一种行动方案与其他方案相比，必须具有鲜明的特点；五是一致性，即行动方案应与掌握的敌人的条令、战术、技术以及以往战例保持一致。

为了减轻后续分析行动的负担，美军还要根据对敌人能力的评估，从综合清单中排除敌人在目前情况下无力实施的行动方案，然后结合条令模板和作战环境对军事行动的影响，进一步缩小敌军可行的行动方案的范围。对于剩下的行动方案，则要综合考虑作战时间、作战阶段划分、主攻和助攻方向选择等因素进行更加详细的分析。

第三，评估各种行动方案。为了准确判断敌人最可能采用的行动方案和对己方威胁最大的行动方案，需要对初步筛选过的敌方行动方案进行评估并排出优先顺序。美军强调在评估时，要时刻跟踪分析敌军对己方改变部署所做出的反应，判断敌人是否采取另外的方案。在进行方案优先排序时，要重点考虑以下方面：一是分析每一行动方案的强项、弱点、行动重心及关键环节，站在敌人的角度思考问题，并作为判断敌人采取该行动概率的重要依据。二是评估各行动方案满足适合性、可行性、可接受性、独特性和一致性五项标准的程度，充分考虑各方案对作战环境的利用。三是对比分析各个行动方案，判断敌人采用哪个方案能够获取最大的优势，同时承担最小的风险。四是高度警惕敌人的欺骗行动，要考虑到敌人为了达成行动的突然性和隐蔽性，而采取的各种欺骗和误导的手段。例如，敌人可能为了迷惑己方，而故意选择己方认为是第二或第三最可能采取的行动方案，并造成己方判断失误。五是分析敌人当前的部署和近期的活动，判断敌人是否有采用某种行动方案的迹象。

第四，详细研究敌人可能实施的行动方案。在大致确定敌人最可能实施的几种行动方案后，情报人员要在时间允许的情况下，按照被采用的概率大小，依次逐个详细研究敌人的行动方案，包括作战目标、行动类型、开始时间、攻击地区、接近路、机动方案、兵力部署等细节。在研究过程中，美军对每一备选方案都绘制情况透明图和矩阵并进行文字说明，用来描述敌人在某一阶段的部署、机动以及支援和后续行动，并进行推演以确定可变因素的影响；同时，还要对条令模板上列出的高价值目标做进一步的调整和重新评估，判断其在敌人行动方案中发挥作用的最关键时刻和实时价值，为打击计划制订和实施提供依据。

第五，确定初步的搜集需求。敌军行动方案的初步确定，并不意味着联合作战环境情报准备工作的结束，敌军究竟采用哪种行动方案，还需要情报人员密切地监视和分析。因此，美军认为必须加强侦察敌军的具体行动及其位置，特别是某些预测将要出现敌军行动和征候的指定关心地域，更应是侦察监视的重点。一旦获得相关的情报，敌军的行动方案就会更加明确。

美军认为联合作战环境情报准备是一个连续又循环的过程，不是作为一次性任务来完成的。情报人员要不断地综合分析最新的敌我双方态势、作战行动进展和作战环境变化，重新对各个环节进行评估和预测。同时，这种情报分析方法和程序适用于各种形式、任何层级的联合作战情报支援行动，其图表式的情报报告具有直观、形象的优点，能使指挥官和参谋人员迅速了解战场状况，适时下定决心制订作战计划。

三、量化标准，确定情报可信度

美军指出，情报既可以是观察到的事实，又可以是从可能存在联系的事实中归纳出的结论和判断，还可以是基于被当作事实的推断，因此，情报部门在向指挥官提供情报时，应区分什么是可信的"事实"，什么是未经检验的"假定"。而且，美军认为"情报不是一门精确的科学……作为定量分析和定性判断的综合体，情报很少是直白和明确的"，"情报分析人员对他们的分析结果提供置信度评估是非常重要的"[1]。因此，美军对情报来源、情报分析前的信息、情报产品分别进行独立的评估和判断，并使用语言或数值作为度量指标确定其可信等级。

在对情报来源和信息进行评估时，美军主要使用字母和数字混编标注可信度等级（表6.1），并强调由于评判的依据是情报人员的主观判断、先前同一来源信息的准确性，以及对特定侦察装备能力性能的了解，因此，来源的可靠性和信息的可信性评估必须相互独立进行，以避免评估过程中产生相互影响。美军对情报来源和信息的评估是评定情报产品置信度的基础，是保证情报真实性的重要环节。

美军使用 A ~ F、1 ~ 6 的等级划分，主要是起到参考判断的作用，并不直接决定情报的真实性。一个完全可靠的情报来源，可能提供一个

---

[1]　美军 JP2-0《联合情报纲要》，2013 年版，第 17 页。[R/OL].(2013-10-22) [2014-11-05].https://militarydictionary.org/source/joint-intelligence/.

无法判断真实性的信息，该信息的综合评估结果就是 A — 6。同样，一个不太可靠的情报来源，也可能提供受到其他来源证实的信息，这一信息的综合评估结果就是 D — 1。这种情况下，D–1 的真实性就比 A–6 要高。因此，评判工作一定要坚持多源情报相互印证，不轻易下结论。

表 6.1　可靠性与可信性评估

等　级	来源可靠性	等　级	信息可信性
A	完全可靠	1	受到其他来源证实
B	基本可靠	2	相当属实
C	大致可靠	3	可能属实
D	不太可靠	4	可疑
E	不可靠	5	不可能
F	无法判断可靠性	6	无法判断真实性

在评估情报产品置信度等级时，美军认为，"由于分析性结论是由可靠情报来源与分析人员的经验、判断力和直觉共同形成的产品，因此可以用文字和数值的形式来表述置信度等级范围"[1]。作为一种简略的评估标准，情报分析人员应确保指挥官和其他情报用户明白无误地理解文字与相对应数值的含义。为了确保各种来源情报的相互印证，即使是置信度等级为"极不可能"时，情报人员也要坚持接收该来源的情报报告。这种对情报置信度的量化进一步提高了情报分析和利用的科学性，为美军联合行动提供更有价值的依据和参考。评估情报产品置信度等级见表 6.2。

[1]　美军 JP2–0《联合情报纲要》，2013 年版，第 162 页。[R／OL].(2013–10–22)[2014–11–05].https://militarydictionary.org/source/joint–intelligence/.

表 6.2　评估情报产品置信度等级 [1]

可能性或可信度的描述	同义语	百分比
可能性很高	极有可能 我们确信 实际上确定 几乎肯定 高度可信 十分可能	> 90%
可能性较高	相当可能 我们估计 有较高的概率 中高度可信 超过 60% 的可能性	60% ~ 90%
一半概率	概率略高（或低）于一半 大约有一半的概率 中度可信 有可能	40% ~ 60%
可能性不高	不大可能 不太可能 不可能 我们认为……不可能 低度可信 有可能但可能性不大	10% ~ 40%
可能性极低	极不可能 几乎不可能 只有很低的概率 高度怀疑	< 10%

　　为了更好地使用分析与整理的最终成果，美军按照情报的用途和生产目的，将情报产品区分为征候与预警情报、动向情报、总体军事情报、

---

[1]　美军 JP2-0《联合情报纲要》，2013 年版，第 163 页。[R / OL].(2013-10-22)
[2014-11-05].https://militarydictionary.org/source/joint-intelligence/.

目标情报、科技情报、反情报和评估性情报七大类。美军认为"七类情报可能重叠,且的确存在重叠现象。同一情报和信息可以用于所有种类"。各种情报产品的分类见表 6.3。

表 6.3 情报产品分类

情报产品	主要内容
征候与预警情报	此类情报具有很强的时效性,主要指可能威胁美军或盟军、美国政治或经济利益、美国海外公民的外国发展情况。包括敌方的行动和意图;即将发起的针对美国、驻外美军或盟国的核或非核攻击;敌方对美国活动的反应;恐怖袭击以及其他类似事件
动向情报	此类情报用于向各类军事行动提供最新的情报和信息,它将时效性强的全源情报和信息整合为有关特定地域内的动态情况
总体军事情报	此类情报涵盖面广,主要涉及能够影响美国或盟国的潜在军事行动以及外国和外国组织的军事能力等情况,是联合部队指挥官必不可少的工具。包括敌方实力与弱点、战备情况、基础设施、水文地理、国防工业、医学、人口统计、社会文化等内容
目标情报	目标既可以是敌军部队、设施等,也可以是敌军部署、通信联络、系统节点等。目标情报主要用于识别和分析敌军重心和高价值目标,是对各类目标特征进行全源分析的最终结果
科技情报	此类情报指外国取得的具有作战价值,尤其是能够增强武器系统性能的基础领域和应用领域的科学技术发展情况。包括武器系统及其附属系统、相关器材的功能、特点、弱点,以及开展相关研究、生产等活动的情况
反情报	此类情报主要分析外国情报和安全部门以及非国家组织的情报活动对美国或美军构成的威胁,通常与反情报调查及其他来源信息进行综合分析,为部队提供支援
评估性情报	此类情报主要是在分析已知事实的基础上预测未知因素,提供关于形势发展方向及其对军事行动计划和实施所造成的影响

四、多层次研判，评估火力毁伤效果

随着联合火力打击行动在联合战役中的地位和比重不断提升，美军日益重视对火力毁伤效果进行实时评估，并将其作为情报支援的一项重要职责加以强调和实施。美军火力毁伤评估又称战斗评估，重点查明使用致命或非致命武器打击的效果，帮助联合部队指挥官了解联合作战的进展情况，为后续行动创造条件。美军在作战司令部联合情报行动中心设立火力毁伤评估小组，与作战部门配合，在国家情报支援小组和快速反应小组等国家级情报机构的支援下，负责整合所有战术级到国家级的火力毁伤评估活动。

美军评估火力毁伤效果采用多层次研判的方法，由战斗毁伤评估、弹药效能评估和再次攻击建议三部分组成，主要解决相应的三个问题：一是针对目标以及更大目标系统的打击是否取得了预期的成果？二是指派的部队是否实现了预期的作战效果？三是如果没有到达预期效果，现在应如何应对？[1]

（一）战斗毁伤评估

战斗毁伤评估是对目标损毁和破坏程度做出及时准确的评估，由物理毁伤评估、功能毁伤评估和目标系统评估三个阶段构成。

第一阶段，物理毁伤评估是指根据观察到的或照片判读的情况，对目标受到弹药爆炸、破片或起火等引起的毁伤进行的定量分析。物理毁伤评估主要依靠空中任务指令或主要空中攻击计划、任务报告、飞机驾驶舱视频、武器系统视频、地面弹着点观察员或作战部队、控制员、观察员的报告、炮兵目标监视报告、信号情报、图像情报、公开来源情报、地理空间情报、测量与特征情报和人力情报等来源获取的情报和信息进

---

[1]　美军 JP2-01.1《目标情报支援联合战术、技术与程序》，第 30 页。[R/OL].(2003-01-09)[2013-09-15].https://militarydictionary.org/source/joint-intelligence/.

行分析和评估。评估机构要在收到信息后1～2小时内完成物理毁伤评估报告，对武器命中或没有命中造成的直接毁伤做出初步分析。评估物理毁伤的指标因目标和打击任务而异，如对装甲目标通常用"摧毁"或"未摧毁"来衡量；对机场跑道可分为"未损毁""多坑洞""有裂缝""阻断"四个指标级别；对建筑物则按建筑的损毁面积，将评估标准设定为"未损毁""轻度损毁""中度损毁""严重损毁"。物理毁伤评估报告通常是根据单一来源情报制定的。

第二阶段，功能毁伤评估是对目标采取军事行动，摧毁目标要害，破坏其运作能力，使其无法完成既定任务的评估。该评估需要将最初确定的预期攻击效果与当前目标状态进行对比，以确定是否达成了目标。在评估中，要重点了解目标性能和功能，明确哪些关键部件受到损毁或无法运转就会导致或影响目标及目标系统功能的正常发挥。同时，评估还必须把目标功能恢复或启用备用系统所需的时间因素考虑在内。评估机构应该在收到信息4～6小时内提交功能毁伤评估报告。该报告建立在物理毁伤评估报告的基础之上，并融合各种情报来源对目标的物理毁伤情况进行更加详细的描述，是一个全源情报分析产品。功能毁伤评估报告还涉及目标系统评估、弹药效能评估等方面的内容，必要时也会提出再次攻击的建议。

第三阶段，目标系统评估是以预期的作战效果为参照系，对所运用的军事力量在打击敌军目标系统方面取得的整体效果和有效性进行的广泛深入评估，它是战斗毁伤评估的最终阶段。目标系统评估主要是整合第一阶段和第二阶段的评估报告，汇集目标系统内各单个目标的功能毁伤评估情况，将其用于整体目标系统的分析。目标系统评估报告应在收到信息后一天之内完成，除了详细描述相关目标系统的功能和敌方整体战斗力状况外，还可以提出再次打击建议或推荐打击目标名单。美军认为第三阶段报告是战斗毁伤评估的核心，为联合部队指挥官评估作战目的和辅助下一步作战决策提供战略依据。

（二）弹药效能评估

弹药效能评估"是对军事力量所使用的武器系统和弹药效能进行评估，旨在确定方法、战术、武器系统、弹药、融合度以及投射参数的变化，并提出修改建议，以提高部队作战效能"[1]。美军认为虽然弹药效能评估主要是作战部门的职责，但也离不开情报机构的参与和协调，而且弹药效能评估应与战斗毁伤评估交叉进行，以确定武器和武器系统是否发挥了预期的作用。评估人员要使用各种各样的情报、信息以及作战数据，结合功能损伤评估，对弹药性能和战术运用情况提出评估报告。美军要求在报告中详细说明用于打击特定类型目标的武器性能及弱点，以提高战斗毁伤评估的准确性。

（三）再次攻击建议

再次攻击建议又称未来目标制定，是综合战斗毁伤评估和弹药效能评估后就再次攻击的目标提出系统性建议和形成未来目标计划，以指导下一步的目标选择工作。再次攻击建议的重点是通过确定实现作战目标的成功程度，来明确所需要的后续行动，以及为继续执行新任务而需要做好的准备，其内容包括从攻击不同目标到改变弹药类型或投放战术等方面。美军认为再次攻击建议综合了作战和情报两项职能，因此，评估必须包括正在实施的作战行动、目标选择、目标优先排序等方面的内容。

在整个战斗评估中，战斗毁伤评估是关键的核心环节，它在证实被选定目标的正确性，以及是否实现了联合部队指挥官的目的和方针方面具有不可替代的作用。虽然美军已经具备了发现、跟踪、打击、评估单个目标的能力，但在功能毁伤评估和目标系统评估方面还存在许多问题，特别是使用"联合直接攻击弹药"等精确制导武器打击目标，由于缺乏有效的方法和手段，目标内部毁伤情况难以查明，影响对敌方系统结构破坏评估的可信度。

---

[1]　美军 JP2-01.1《目标情报支援联合战术、技术与程序》，第 31 页。[R/OL].(2003-01-09)[2013-09-15].https://militarydictionary.org/source/joint-intelligence/.

第四节　高效分发与及时评估并重，
促进情报与作战的紧密结合

美军认为，对情报信息的开发和利用，不仅取决于搜集、处理和分析环节，还取决于能否高效率地把合适的情报信息分发给最需要的用户，并对用户需求的满足程度和情报行动过程进行评估，以便使其根据作战环境的动态变化迅速做出反应，实现情报与作战的紧密结合。因此，美军强调要高度重视情报分发和评估在情报支援中的地位和作用，通过建立先进的情报传输网络，最大限度地实现情报的最终使用价值。

一、"推拉"互动，形成高效分发机制

美军指出，"及时将重要的信息和情报成品分发给相应的用户对其取得和保持信息优势十分关键"[1]。各级联合部队情报部门必须将易于理解、能够直接使用的情报和信息及时提供给情报用户，同时还要确保既不给用户增加额外的负担，又最大限度地减少通信能力的负荷。为了达到这一目的，美军在情报分发过程中，强调重点形成"推拉"机制，利用先进的情报分发系统和网络，在情报用户和情报机构之间建立"推送"和"拉取"两种渠道，提高情报分发的效率。

"推送"是指情报机构使用最快捷的方式主动把情报或相关信息提供给用户，满足其情报需求。这种方式是建立在情报机构根据事先计划好的优先情报需求，充分了解联合部队实际需要的基础上的。当情报机构要将某个情报产品推送给用户时，首先会查询国防情报分发系统数据

---

[1]　美军 JP2-01《联合与国家情报对军事行动的支援》，第 71 页。

库中情报用户提交的情报搜集要点说明，了解哪些用户需要这类情报，然后在国防情报分发系统中创建分发清单，由系统自动将情报进行一对一或一对多发送给用户。美军认为并不是所有情报和信息都必须采取"推送"的方式，"推送"的重点是仅能从国家级或战区级情报机构获得的预警数据、以前未能预见到且影响联合作战的重要资料、可以满足下级单位长期需求的情报和下级联合部队情报部门事先提出的特殊研究报告等。对于时效性强的威胁警报，美军还可以通过全球广播服务系统和国家安全局的语音威胁预警网直接传送给战术指挥官，提高部队的快速反应能力和防护能力。

"拉取"是指包括各级情报机构在内的情报用户通过网络，直接访问战区和国家的各种数据库、情报档案或其他资料库，根据自身的需求，浏览、查询、下载所需的情报和信息。美军认为，"'拉取'的概念可以使各联合部队司令官根据他们的任务和正在进行的作战的具体阶段，利用物理上位于多个地方并由各地维护的情报数据库，随时取得所需情报"[1]。特别是在所需的情报和信息已经以某种形式存在于数据库中的情况下，情报用户使用"拉取"的方法来满足自身需求，要比按照提出信息申请并等待上级回应的正常程序更加迅速、便捷、有针对性；而且由于简化了获取步骤，能够有效减少信息申请类通信的流量。但同时美军也指出，为了避免联合部队情报部门面临过量的信息，用户必须采取"按需而拉"的原则，要有目的地选择对执行任务有切实帮助的情报和信息，不能盲目地贪多求全，造成情报分析人员负担过重，甚至无所适从。

在采用"推拉"方法分发情报和信息时，美军强调应注意三个方面：一是最大限度地利用自动化手段，减少情报报告等以实物形式分发的方式，重点使用 INTELINK 等情报分发系统，在确保传输安全性、准确性的前提下，提高分发的速度和效率。二是"推送"和"拉取"要综合使用，配合进行。这两种渠道主要是分别满足不同性质的情报需求，"推送"主要是针对事先确定好的情报需求以及紧急预警情报，而"拉取"则是

---

[1] 美军 JP2-01《联合与国家情报对军事行动的支援》，第 101 页。

用户自己选择适合自身需求的情报。两者之间没有使用上的主次之分，要视实际情况具体确定。三是在强调使用自动化手段的同时，也要重视发挥情报分发管理人员的作用。情报分发管理人员要与作战部门计划管理人员合作，为各个作战单位申请并建立所需的邮件地址、电报地址、路由标示以及安全认证，加强与联合部队通信部门的协调，满足情报分发带宽的需求。

二、"软硬"并举，灵活选择分发方式

美军要求，各级情报机构应利用现有的各种手段及时将搜集到的情报和信息分发给相应的用户；否则，再准确、全面的情报和信息也是毫无用处的。美军用于情报分发的手段多种多样，包括简报、人员接触、信使传递、电视会议、电话、传真、电子邮件、数据库网络查询和直接传输等。按照情报载体性质可将各种手段分为软拷贝分发和硬拷贝分发两大类。具体选择哪种分发方式则要根据用户的需求以及情报本身的重要性和紧迫性来决定。作战司令部联合情报行动中心和联合情报支援分队分别作为战区、联合特遣部队的情报分发机构，将国家级或战区级情报部门提供的情报分送给有关单位。

（一）软拷贝分发

软拷贝分发是美军向用户发送情报成品的主要方法。美军借助电子和网络环境，将情报和信息转换为电子格式，通过联合全球情报通信系统、联合可部署情报支援系统、全球指挥控制系统、全球广播服务系统、INTELINK/INTELINK-S系统、机密互联网协议路由器网等传送给情报用户。随着美军通信带宽的增大，软拷贝情报成品已从图形、文字、表格拓展到视频、声音、图像等领域，使指挥官对作战环境的感知更为直观和迅速。美军认为，软拷贝分发既可以缩短情报分发的时限，又可以减少硬拷贝的分发数量，能够极大地提高和扩展情报机构向作战部队传输情报的能力。美军软拷贝分发主要采取四种形式。

一是情报机构通过数据链等分发工具将处理、分析过的情报直接传输给用户，供其执行任务使用。这是软拷贝分发的最主要形式，一般适用于用户和需求指向非常明确的情况。例如，在科索沃战争中，美军部署在波斯尼亚航空基地第11侦察中队的"捕食者"无人机，在空中把侦察图像通过卫星数据链系统发送至位于英国的地面站后，由光缆传送至美国本土的情报中心，信息经处理后由全球广播服务系统的卫星数据链传送到战区的联合空中作战中心，为空中力量高效、顺畅地实施决策控制和精确打击提供情报支援。

二是情报机构将情报成品上传至专用情报网站或情报数据库，并公开题目及关键词，由用户自主"拉取"所需情报和信息。这种形式的优点是，情报分发机构可以从判断每条情报适合哪些用户的烦琐中解脱出来，避免与用户建立联系的麻烦，不仅省时省力，而且避免了判断失误造成的相关情报分发的延误。作为情报用户，则不仅可以快速地得到自己所需的情报和信息，还能在很大程度上排除非相关信息的干扰，高效利用情报。

三是情报用户向情报机构提出申请，得到许可后，获得网上或数据库中的情报存放地址，由用户自行获取。这种形式主要适用于通信带宽充足良好并且用户能够连接联合全球通信系统或机密互联网协议路由器网的情况。如果不能直接接入上述网络，情报用户则可以将申请直接提交给分发计划管理人员，由分发计划管理人员将软拷贝情报上传至网络服务器，供申请者"拉取"或直接进行"推送"。

四是根据用户的实际需要，将情报以光盘、移动存储器等不同传递媒介提供给用户，实现情报存储的缩微化。这种形式主要用于通信带宽受到限制，而情报和信息的数量又相对较大的情况。如在海湾战争中，美军联合情报中心就将存储大量伊拉克基本情况的数据光盘分发给陆军各参战部队，以备随时随地使用。

（二）硬拷贝分发

美军认为，在联合战役行动特别是联军作战中，由于各种情报装备系统存在安全等级不一、架构不兼容、通信能力受限等问题，以传真、电报和信使递送等传统硬拷贝形式分发情报仍然是进行情报分发的重要手段，特别是对于地图一类需求量较大的情报产品，常常只能用硬拷贝方式进行分发。

美军作战司令部及其下属联合部队情报部门建立有一整套硬拷贝分发程序。在组织领导方面，由作战司令部情报部门牵头，协调作战部门和后勤保障部门，负责管理向战区内已部署的联合部队分发硬拷贝情报的工作。在设备部署方面，通常是在战争准备期间，美军就将大量预期使用的硬拷贝情报产品从本土或基地的情报生产中心，通过海运或空运转移到战区，并在责任区或联合作战区域内进行前期分发。同时，情报部门还要就运输硬拷贝情报的优先次序向联合部队指挥官提出建议，并确定分发情报所需的运输装备、人员和用户位置等。在具体实施方面，美军将硬拷贝分发作为软拷贝分发的补充选择和重要备份手段，使用传真、电报、影印复制以及人员传递等手段，将作战过程中一些不能或不适宜通过网络分发的情报和信息，以传统的方式进行分发。虽然在速度和效率上比不上软拷贝分发，但硬拷贝分发仍然以其特有的可靠性和灵活性，在作战实践中取得了较好的效果。在海湾战争中，美陆军就建立了信使传递体制，使用人力进行硬拷贝分发。在作战初期的一个月内，信使每天都要长途传递重达 200 磅（约 90.72 千克）的各类情报产品 [1]，满足部队的需要。在伊拉克战争中，美军陆战第一师每天至少要生产1000 份硬拷贝的标准尺寸地图才能满足支援全师的要求。

三、"全源"融合，形成通用作战态势图

美军认为，"信息优势要求及时以易于理解的形式将情报与作战相结合，以方便各级指挥机构的决策"，并进一步指出"将情报与作战相结合的主要工具就是通用作战态势图（Common Operational Picture，COP）"，"情报必须以这样一种形式分发，即它可以在通用作战态势

---

[1] James P. Finley, U.S. Army Military Intelligence History: A Sourcebook[M]. U.S. Intelligence Centre & Fort Huachuca, 1995, p.286.

图上自动地进行处理并显示，以方便作战空间作战行动与情报的视图共享"[1]，用户可以在通用作战态势图上提取或观看所需的情报和信息。通用作战态势图主要是解决联合战役情报支援中"共知"的问题。

通用作战态势图是全球指挥控制系统的一部分，是作战司令部以动态图形方式获得战场态势感知的主要工具。它具有接收、关联和显示所有可以获得的作战相关情报和信息的综合能力，能够将来自战术、战役和国家级各类来源的情报和信息融合在一幅图像中，提供给不同的用户，满足其各种需求。通用作战态势图主要描述和显示：①己方、敌方、中立方的陆地、水面、水下和空中目标的当前位置和所有可获得的状态信息；②己方、敌方、中立方的陆地、水面、水下和空中目标的计划机动信息；③所有可能影响己方、敌方、中立方的陆上、水下和空中单位部署的信息（如天气、战斗损伤评估）；④作战计划、作战区域等生成要素和规划；⑤有关联合作战的政治和媒体敏感信息、己方作战单元的安全信息、作战地域内人口相关信息、重大事件以及己方后勤、人事和财务信息等内容。通用作战态势图主要用矢量图、电子地形海拔数据图和数字光栅图表三种类型的图形和图表来描绘以上内容，并且情报人员可以对图像进行注解、裁剪和上传。此外，通用作战态势图还能够将地形地貌、技术侦察力量覆盖范围、火力控制范围等内容以三维图像的形式进行立体直观显示。

通用作战态势图主要供作战司令部、联合特遣部队指挥官等战区级用户使用，而较低级别的军种组成部队则主要利用共用战术态势图（CTP）来接收、显示分发的情报和信息。共用战术态势图是通用作战态势图在战术层次的分支，是构建更高层次通用作战态势图的重要数据来源和基础。

通用作战态势图的生成过程依赖于数据源、数据融合中心和关联站点三个要素。数据源为构建通用作战态势图提供基础的材料，主要来源包括各类传感器、情报数据库、安装了 GPS 的蓝军追踪系统以及情报和作战人员手工输入的态势报告等。数据融合中心管理所有从下级关联站点收集来的数据，加入需要的附加信息，形成顶层通用作战态势图，并

---

[1] 美军 JP2-01《联合与国家情报对军事行动的支援》，第74页。

作为网关向国家军事指挥中心、支援或受援部队指挥官、各军种部传输战区通用作战态势图。关联站点负责各种战场目标数据的轨迹管理、生成可以共享的作战叠加图层以及传输 CTP/COP 到战区情报融合中心。关联站点由情报融合中心按需要灵活建立，一般设置于联合特遣部队司令部、军种组成部队司令部及主要情报节点，关联站点也要积极建立下级节点。在通用作战态势图形成过程中，首先是各种数据源向关联站点报告数据，经过关联和融合之后形成本地的通用战术态势图，并上传给情报融合中心。情报融合中心通过 CST 同步工具、MDX 和 OTH-GOLD 数据交换工具等方式收集战区内的多个关联站点的数据，并加入本地接收到的附加数据，形成战区顶层通用作战态势图（图 6.2）。

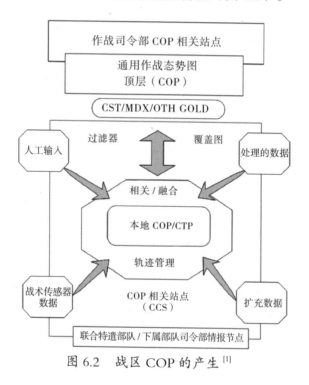

图 6.2　战区 COP 的产生 [1]

---

[1]　USEUCOM Directive 55-21 Common Operational Picture (COP) Policies and Procedures, 2004.

由于在伊拉克战争中的成功表现，美军认为，通用作战态势图经过不断改进将使指挥官拥有无死角的三维战场视图，可以把综合、准确、可靠、有效的情报和信息，在正确的时间和地点以正确的表现形式提供给联合部队，使参与联合作战的部队和个人都能享有共同的数据而满足不同的需要，由此获得良好的作战环境感知能力，压缩由决策到行动的运行周期。

四、基于"效果"，及时评估情报行动

在联合战役情报支援中，不仅敌情和毁伤效果需要评估，而且情报行动本身的实施情况也需要连续进行评定。美军认为，"所有的情报活动都是相互联系的，任一情报活动的成败都会对其他情报工作流程产生影响。在整个情报工作过程中，各级情报人员和用户就各种情报活动满足指挥官的情报需求的情况进行如实的评估并提供及时的反馈意见是至关重要的"[1]。因此，美军要求指挥官和作战参谋部门等情报用户及时提供反馈信息，一旦发现需要改进的地方，情报部门应立即进行整改或采取补救措施，以提高情报支援行动的效能和改进工作运行状况。

美军对情报行动的评估贯穿于整个情报流程中，并不间断地持续进行，其着眼点始终是情报行动满足需求的最终效果。在计划与指导活动中，美军评估的重点是情报计划能否满足优先情报需求的要求，以及指挥官的关键信息需求是否可以充分体现作战意图。所有情报需求必须经过认定、备案并划分优先等级。用户的需求都要尽可能用现有情报产品或经过修改的现有情报产品加以满足，以避免重复劳动。同时，还要对情报支援能力与可能遭受的风险进行评估，以确定满足情报需求的能力（图6.3）。在情报搜集活动中，搜集管理人员要跟踪搜集需求的状况并与申请者密切联系。获得搜集结果后，搜集管理人员要评估搜集报告的完整性，并

---

[1]　美军 JP2-01《联合与国家情报对军事行动的支援》，第 75 页。

要确保申请方已收到报告的拷贝，并与申请方一起确定所提需求是否已经得到满足。在处理与利用活动中，情报人员要检查转换过的信息和数据与情报数据库要求的格式是否一致，向情报分析生产部门提供的处理结果是否满足要求。在分析与整理活动中，情报人员应对情报生产单位满足整体需求的能力做出评估，并与用户联系确定就情报产品的质量和格式能否满足需求和便于理解与使用。在分发与整合活动中，情报人员与作战人员共同对分发途径进行评估，分析选择的途径是否满足用户的需求以及对情报重要性、时效性的要求。

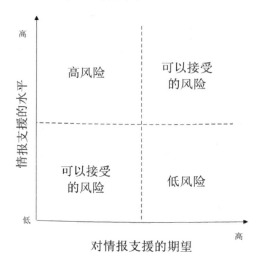

图 6.3 美军情报支援能力风险评估 [1]

美军认为，虽然影响评估的因素很多，但各级情报人员和用户都根据情报产品的质量判断情报行动成功与否。优质的情报应同时具有及时性、准确性、可用性、预见性、完整性、相关性、客观性和可得性。任何一项品质达不到要求都可能导致军事行动的失败。如果提供的情报符合上述特性并且满足用户需求，那本次情报行动就此结束。如果未达到

---

[1]　CJCSI 3312.01. Joint military intelligence requirements certification, 10 November 2004, Enclosure B, B–7.

评估标准，则不能认为需求得到了满足。如果时间允许，应重新下达搜集或生产任务，以满足用户需求。同时，应立即采取措施找出未能满足需求的原因，并确保此类问题不再发生。

第五节　情报与反情报有机结合，有效降低敌人的情报获取能力

反情报是指"为防范外国政府或其分支机构、外国组织或外国人进行或通过代理人进行间谍及其他情报活动、破坏或暗杀活动，以及国际恐怖主义活动，而搜集的情报和从事的活动"[1]。反情报是情报支援的组成部分，在联合战役情报支援体系中占有重要地位。它不仅可以对己方重要情报和关键部门进行防护，还能够有效压制敌方情报机构的行动和能力。因此，在情报支援中不但要充分发挥反情报的搜集能力，而且要重视实施进攻性和防御性行动，直接支援作战。

一、先发制人，主动攻击

"先发制人"战略是 2005 年美国《国家反情报战略》的主要内容之一，首次提出反情报将从被动应付转向获取优势的先发制人战略，并强调采取更具进攻性的反情报方式。在具体实施中，美国国家反情报机构、联合部队各级反情报力量以及各军种作战部队密切配合，采取渗透打入、军事欺骗、电子攻击、实体摧毁等方法手段实现反间谍、反破坏、反侦

---

[1]　美军 JP2-0《联合情报纲要》，2013 年版，第 188 页。[R/OL].(2013-10-22)[2014-11-05].https://militarydictionary.org/source/joint-intelligence/.

察的目的，主动拒止、破坏敌方的情报搜集活动。

（一）实施渗透打入

长期以来，渗透进入敌方情报机构是侦知敌方情报行动最直接、难度最大的反情报行动。美军认为，如果能够渗透进敌方情报机构，进行情报搜集或窃取活动，将会对整个美国的情报工作和反情报工作具有极大的促进作用。美国国家级人力情报部门承担了绝大部分渗透打入任务，美军各军种反情报机构和军种部队反情报分队则主要遂行打入敌军一线作战部队，确认敌军作战人员身份，发现敌方侦察、破坏行动计划、目标等战术性任务。美国主要采用将情报人员直接打入敌方情报机构和策反敌方情报人员两种方式实施渗透。前一种方式由于敌方情报机构对人员的招募进行严格的审查，美国情报人员很难直接打入，一般以出卖情报或叛逃为诱饵，寻机进入敌方情报机构。后一种方式是美国情报机构常用的渗透方式，通常先对敌方情报人员进行重点考察，锁定具体目标后，针对对方的癖好和弱点采取各种手段将其策反。这种方式较前一种有很大的灵活性和隐蔽性，因此，美国将其作为渗透打入的首选方式。

（二）实施军事欺骗

"军事欺骗包括实施故意的误导行动。使敌方军事决策者对己方的军事能力、意图和行动产生错误的判断，从而使敌方采取有助于己方顺利实现任务目标的特定行动。"[1] 在这类行动中，敌方情报机构虽然不是欺骗的最终目标，却是要欺骗利用的渠道。军事欺骗行动可以使敌方情报机构错误使用侦察监视力量，无法准确了解己方的进攻能力和企图，进而使敌方军事决策者不能有效地运用其作战部队遂行任务。美军在反情报行动中，运用军事欺骗的方法非常多，主要有使用兵力佯动、佯攻、

---

[1] 美军 JP3-0《联合作战纲要》，2006 年版，第 181 页。[R/OL].(2006-9-17)[2008-04-15].https://www.jcs.mil/Doctrine/.

设置假阵地、假设施，制造和散布假情报、假消息等。在海湾战争中，美第1骑兵师向科威特西部伊军实施佯攻，成功地吸引了伊军的注意力，使伊军5个步兵师和1个装甲师留在原地，有力地保证了"左勾拳"行动的成功实施。

（三）实施电子攻击

电子攻击是通过使用电子干扰、电子欺骗、定向能或反辐射武器等手段，攻击敌方的人员、设施或装备，阻止敌方有效地使用电磁频谱，达到削弱、摧毁敌人战斗力的目的。由于现代情报装备广泛使用电子设备，对敌方电磁频谱的破坏必然削弱其情报能力，对己方实施反情报行动极为有利。实施电子攻击时，必须采取谨慎的措施，加强与情报机构的联系和协调，"确保电磁频谱活动始终不与电子支援和情报搜集活动发生冲突"[1]。美军一般将电子攻击与其他攻击性手段结合使用，如电子攻击与杀伤性火力综合实施，形成联合火力支援，确保打击效果。

（四）实施实体摧毁

实体摧毁是指使用硬杀伤性武器攻击敌方的指挥所、C4ISR 系统、重要情报机构驻地等目标。通过摧毁这些目标，美军可以削弱、破坏、瘫痪敌方的指挥控制系统和情报系统，使敌方无力组织实施侦察和作战行动。美军通常采用的实体摧毁方式有地面炮兵火力突击、空中精确打击、特战分队远程突袭等。在 1999 年实施的"盟军力量"行动中，美军就多次使用反辐射导弹对南联盟的雷达预警系统和通信指挥系统实施攻击。同时，美军也强调要考虑摧毁目标对情报获取可能造成的影响。因为某些打击目标可能是美军情报的重要来源，具有较大的利用价值，而打击行动可能要求必须破坏或摧毁这些目标。因此，在对这些目标实施攻击时，

---

[1]　美军 JP3-1.3.1《电子战》，2013 年版，第 79 页。[R/OL].(2013-04-22)[2015-06-20].https://www.jcs.mil/Doctrine/.

必须权衡利弊，从战略、战役直至战术范围进行充分的比较和评估，当其利用价值远远超过被摧毁的价值时，就应保留目标继续作为情报来源。

二、防间反侦，严密防护

美军反情报工作在强调主动攻击的同时，也注重使用各种防御性手段加强对己方情报信息和部队的防护，控制或阻止敌方接触秘密信息，保护人员以及关键设施和装备的安全。美军重点采用安全保密、调查审讯、伪装隐蔽、计算机网络防御等方法。这些方法已被纳入美军的标准操作规定中，成为美军日常安全防护的重要内容，在平时和战时灵活使用并常抓不懈，以最大限度地降低敌方情报力量的威胁。

（一）注重安全保密，筑牢"第一道屏障"

美国历来重视做好国家和军事的安全保密工作，将其视为为参与联合战役作战力量提供防护的"第一道屏障"。美军一般通过三种途径加强安全保密：一是在各级情报机构和司令部内设置专门的敏感信息处理设施。该设施位于临时保密工作区内，由美国情报界高级情报官员或联合司令部高级情报官批准建立，经过严格的反监视、反监听技术检查，供作战人员和情报人员处理、讨论有关涉密的信息。在敏感信息处理设施周围还有警卫人员进行巡逻和监视。二是对通信设备进行保密管制。采取的方法有使用识别信号，确保电台开机是授权的；频繁交换频率、呼号；为防止敌人识别，只使用经过批准的密码等。三是制定严格的法规。美国早在1912年就颁布了《关于军事装备、资料的秘级划分和保密要求命令》，随后又陆续制定了《反间谍法》《保守国家机密法》《军人间谍罪惩治法》等一系列涉及国家和军队保密、防间的重要法律，从立法的角度防止失泄密案件的发生。此外，美军还注重加强对人员的保密教育，定期进行保密检查，促进反情报工作开展。

（二）运用调查审讯，将反间与情报搜集有机结合

调查和审讯是美军反情报行动的基本手段之一。调查的对象是"具有破坏、叛变、颠覆、恐怖主义和其他具有危害安全嫌疑的人员和组织，以及违反国防部有关条令与外国人员接触并提供军事情报的人员或组织"。

联合战役行动中，美军主要通过联合审问与汇报中心对相关人员进行调查和审讯。美军实施调查时，首先进行初步的筛选。反情报人员在政府其他部门的配合下，重点找出那些具有最大嫌疑的人员，并查明这些可疑人员的具体情况。然后建立黑色、灰色和白色名单。黑色名单上的人包括已知或可疑的间谍或破坏分子、敌军的支持者和其他对后方地域安全有严重威胁的人。灰色名单中包括那些对美国政治和军事目标倾向不明或态度暧昧但具有美军需要的情报资料或特别技能的人。这些人是可以为美军提供帮助而需要一步考察的人。白色名单包括那些赞成或倾向于美国政策、自愿与美军合作的人。这些人可以提供情报资料或协助美军搜集所需要的数据。此外，美军还对本国的军事人员和文职人员进行忠诚度调查，以及接触涉密信息权限的调查。通过实施调查，美军可以对敌方特工和可疑分子进行拘捕和控制。

审讯指美军对战俘、敌方特工、逃兵、难民和越境者进行甄别和审问，一般由反情报人员与人力情报人员一起组成审讯小组实施。审讯的主要方法是提问，包括直接提问、补充提问、非相关提问、重复提问、基准提问、预有准备提问以及诱导性提问。美军在审讯中一般综合使用不同类型的提问方法，以促使受审人员提供真实情况。美军在理论上不提倡使用暴力、侮辱等手段，强调与受审人员建立友好关系，但实际操作中却经常使用暴力、精神折磨等非人道手段。美军在审讯时重点询问有关敌军位置、部署、作战计划、障碍物设置及范围、敌军弱点等情况，希望获得此类情报支援作战。在进攻作战中，审讯小组通常靠前配置，以便对攻击分队提供直接支援；在防御作战中，审讯小组则通常部署在纵深的战俘营或收容点。

（三）加强伪装隐蔽，力求严密防护

伪装隐蔽的目的主要是使敌方情报人员不能获得己方情报。美军实施伪装隐蔽的方法主要有：一是隐匿和消除己方薄弱环节。通过对敌方情报的搜集和上级支援的情报手段，了解自身可能引起敌方注意的弱点和关键目标，并对其采取必要的伪装防护措施，削弱敌方的侦察能力。例如，对指挥机构和重要武器系统结合自然条件进行伪装。二是对战场进行管制。反情报人员会同宪兵对作战地域内或重要目标附近进行的行动实施强制管制，消除可能暴露的环节和活动。例如，夜间灯火管制、人员管制、音响管制以及新闻管制等。通过管制，美军能够有效控制信息源头，增强反情报能力。美军认为虽然伪装隐蔽是传统防护手段，但对保守己方秘密依然是有效的方法。

（四）实施计算机网络防御，阻止敌方信息攻击

计算机网络防御是指"在国防部信息系统和计算机网络内为保护、监视、分析、发现和应对未经授权的活动而采取的行动"[1]。该行动不仅要保护国防部系统不被外部敌方破坏，还要防止被敌方从内部利用。美军在实施计算机网络防御的过程中，首先，分析己方信息系统存在的薄弱环节，判断敌人可能的威胁，分析可用于防护的资源，并以此为依据制订受到攻击后的反应计划。其次，检测敌方的攻击行为，并及时采取措施，降低攻击行动产生的影响。再次，修复受攻击的信息系统，或启用备份的信息系统，为作战行动继续提供信息保障。最后，对攻击行为做出反应，通常包括：识别攻击者，判断攻击者的企图，分析攻击的原因，找出参与攻击的同伙，并对攻击者采取必要的报复行动。计算机网络防御是现在所有军事行动都必须具备的一种能力，反情报更要利用这种方法保护己方信息和信息系统。

---

[1] 美军 JP3-0《联合作战纲要》，2006 年版，第 163 页。[R/OL].(2006-9-17)[2008-04-15].https://www.jcs.mil/Doctrine/.

三、加强分析，形成反情报产品

反情报分析是反情报工作的关键环节和核心手段，通过对搜集到的情报和信息进行分析、整合，不但能够判定敌方情报行动的目标和方法，采取有效措施加强防护，还能阻止敌方实施侦察，确保己方行动自由。美军反情报分析强调从战略到战术各个层次同时展开，满足国家和作战部队情报支援的需求。美军反情报分析的手段方法集中体现在分析过程和分析成果两个方面。

（一）针对不同类型情报，采取相应反情报分析方法

美军反情报人员在分析、评估敌方情报搜集行动时，通常按情报类型进行分类处理。对于反人力情报，美军一般使用人工编制各种图表，如时间和事件图、联络图等，其中时间和事件图最有代表性。它是一种将个人或组织的活动按时间顺序进行记录的图表，分析人员在图表中以三角形表示起点和终点，以矩形或菱形表示重大时间或行动。每个矩形或菱形都有简要的描述或解释，包括敌方使用部队的规模、时间或行动的类型、活动的地点和方法、事件持续时间等。利用这些符号和说明，反情报分析人员可以对敌方人员或组织的活动规律和方式进行分析。

对于反信号情报和反图像情报，美军通常利用反信号情报数据库和反图像情报数据库，编制包括敌方主要固定基地通信情报表、通信情报方向图、快速查询表、图像情报搜集飞行表等分析文件，将敌方情报搜集系统的能力和己方目标进行对比，查明、分析和评估己方的行动模式、征候和存在的防护薄弱点，提出对抗措施和欺骗行动建议。

（二）形成多种反情报分析产品，加强防护和支援作战

反情报分析的最终结果是要形成情报分析产品，供指挥官、情报人员和反情报人员制订相关计划、实施行动使用。美军反情报分析主要形成六类分析成果：一是反情报目标名单，这是分析产生的最重要成果之一。美军根据性质、威胁程度等标准，将敌方目标分为可利用目标、压

制目标、摧毁目标三种，并提出应对的行动建议。二是反情报提要，即从反情报角度绘制的当面敌情图。它以图解的形式显示作战地域内已知的敌方情报搜集单位，以及在己方控制地域内的情报威胁，反情报提要一般包括 12 小时内发生的事件。三是反情报敌情评估，主要为提出反情报目标名单服务，包括一定时限内敌方的主要活动、对某段时间内敌方情报搜集活动的评估、对某段时间内敌方情报破坏活动的评估、敌方目标表等内容。四是反情报情况透明图，综合各种敌情透明图的重要内容，用于情况报告。五是反情报预测，这是一项综合性研究产品，主要包括己方部署和敌军情报搜集能力两方面内容，重点强调后方地域的敌情威胁。六是后方地域作战环境准备文件，重点关注后方地域及己方前沿线后方地域内的敌军情报搜集行动和搜集手段。

这些反情报分析产品，有的提供给情报部门和作战部门，以对不同威胁目标采取相应打击行动；有的则汇入战场通用态势图，以支援美军战场态势感知。

第六节　构建多国情报合作共享平台，拓展情报来源渠道

美军认为，"每个国家的情报系统都具有其实力和局限性，也具有可以用来弥补美国情报资源之不足的独特而宝贵的能力。"[1] 在联合战役以及大多数联军作战中，"联合部队指挥官需要与外国军队共享情报，

---

[1]　美军 JP2-01《联合与国家情报对军事行动的支援》，2004 年版，第 90 页。[R/OL].(2004-10-07)[2010-11-09].https://militarydictionary.org/source/joint-intelligence/.

也要协调从多国部队接收情报"[1]。因此，美军在情报支援中，非常注重采用各种方式和手段，与不同国家或情报机构开展双边或多边、秘密或公开或半公开的交流与协作，努力拓展情报来源渠道，提高联合战役情报支援能力，进而实现《国防情报战略》中提出的"与盟友和作战伙伴交换相关国防情报，促进对战术和战略环境中各个层面的共同理解，建立能够促进文化和地区认知的长期国际合作伙伴关系"的战略目标。

一、建立情报交流机制

美军指出情报合作与共享是一项长期的工作，具有战略意义，不仅要在联合战役筹划与实施过程中进行，还要在战争爆发前以及平时情报工作中展开。因此，美军需要建立完善的情报交流机制，将情报合作与共享活动制度化、规范化。美军在实践中主要通过签订情报合作协议、建立多国情报中心和互设联络军官的方式，实现平时、战时以及平战转换阶段情报交流活动的有序进行。

（一）签订情报合作协议

签订情报合作协议是美军固化情报交流机制的重要措施。美军与盟国或临时联合体达成的情报合作协议，通常是通过美国政府部门或国家情报机构签订的，主要分为三种类型：一是长期性、战略性合作协议。这类协议往往存在于长期战略盟友之间，具有较为坚实的政治、军事、经济等合作基础，有些还有情报合作的法理框架，如日美基于《安保条约》的情报合作协议。二是阶段性合作协议，一般是在某个时期，美国为了确保其安全利益或实现其特定战略意图，或协议双方存在共同安全诉求，而在相应的情报领域进行有关情报内容、手段方面的合作，如美国与以

---

[1]　美军JP2-01《联合与国家情报对军事行动的支援》，2004年版，第88页。[R/OL].(2004-10-07)[2010-11-09].https://militarydictionary.org/source/joint-intelligence/.

色列签署的《海军数据交换协议》《关于分享可疑核设施信息协议》等。三是临时合作协议。这类协议一般是以达成某个具体目标为目的，是美国或美军为了解决某个关心问题而与相关国家或军队情报机构进行的短期合作，一般指向性明显。目标达成后，协议也就随之作废。如"沙漠盾牌"行动实施前，美国与科威特国家安全局就签订了秘密情报使用协议，按照协议规定，科威特将国内线人取得的情报与美国中央情报局共享，支持中央司令部实施的对伊作战行动。

在这些签订的情报合作协议中，对双方情报机构在情报合作中的任务分工、权利义务、合作渠道、合作限度等都进行了明确的规定。如在美国与英国、加拿大、澳大利亚、新西兰组成的情报共享联盟中，就搜集信号情报的分工进行了划分。协定将世界分为若干任务区，每一国家负责搜集某一特定区域的信号情报，还明确了情报的使用权和数据处理的保密规定。这些工作都使达成的情报合作协定更具可操作性。

（二）组建多国情报支援机构

美军认为，在联合战役情报支援中特别是以美军主导的联军作战中，为了有效融合每个参战国的情报需求，发挥所有国家在情报领域的作用，组建多国情报支援机构是非常重要和必要的。多国情报支援机构包括参与联军作战行动的所有国家的代表，由联军司令部指定的情报主任负责其正常运行。该机构的主要职责是掌握联军及各国军队的情报需求，对其进行优先排序，并就制订情报搜集计划和各个国家的情报行动进行协调，以实现所有情报力量的统一行动。多国情报支援机构通过专用局域网与美军作战司令部联合情报行动中心或联合情报支援分队相连，相互交换情报，协调行动。在海湾战争中，联军协调、通信与统一中心就充当多国情报支援机构，承担了美军与联军情报合作的职能，发挥了重要作用。同时，美军还可以通过向多国情报支援机构派驻国家情报小组，为联军和美军部队直接提供情报支援。1995 年，美军在波黑实施的"联合努力"行动中，就向多国情报中心派出了情报联络小组，负责协调与北约成员国军队的情报交流和支援。

（三）互设联络人员

美军强调，"在制订计划和临时联合体组建初期，特别是当美国的情报网络还没有建立时，有效的联络工作以及充分的沟通都是非常重要的"[1]。在联络工作中，美军与有合作关系的国家、军队互设联络人员是最基本的联络方式。美军认为，"联络员对消除语言障碍、化解文化和行动方面的分歧等问题具有很关键的作用"[2]。美国或美军派驻他国或军队情报机构的联络人员分为常设和临时两种。常设联络人员通常在美国驻外使领馆担任武官，主要职责包括：处理情报和有关资料的交换事宜；确保驻在国对交换的情报按照双方达成的安全保密协议处理；向本国情报机构报告驻在国情报机构的运转情况及行动要求。临时联络人员既可以在多国情报支援机构工作，也可以嵌入联军司令部，还可以深入联军一线作战部队开展情报工作。例如，美军特种作战部队就可以小组为单位，编入联军旅一级作战单位，作为联军联络分队或支援小组展开行动。同样，建立情报合作关系的国家也可以在美国或美军中派驻相应的联络人员，如英国通信总部在华盛顿就设有"联合王国驻美国高级联络官"，专门协调与美国国家安全局进行信号情报交流的事项。

二、采用多种合作方式

美军在与他国进行情报合作与共享时，注重根据不同对象、不同行动，采取相应的合作方式，尽可能地在允许的条件下充分利用合作对象的情报能力，力求在各自优势领域发挥重要作用。美军主要情报合作方式有

---

[1] 美军JP2-0《联合情报纲要》，2013年版，第154页。[R/OL].(2013-10-22)[2014-11-05].https://militarydictionary.org/source/joint-intelligence/.

[2] 美军JP2-0《联合情报纲要》，2013年版，第154页。[R/OL].(2013-10-22)[2014-11-05].https://militarydictionary.org/source/joint-intelligence/.

情报成果交流、侦察手段合作以及人员与装备支援等，涉及战略、战役、战术的不同层次。

（一）情报成果交流

情报成果交流是美军联合战役行动中进行情报合作与共享的主要方式和核心内容。通过相互交流交换，合作双方的情报机构能够借鉴对方的分析成果，美军可以直接获得相应的情报。这种方式较其他方式而言，具有时效性高、安全低耗、易于使用等优点，一直为美军所重视和青睐，也更具战略合作性。交流的情报成果主要包括评估性情报、敌方重大动向情报、专题性情报和实物资料。

评估性情报是情报机构对战略发展形势的判断，对事态发展可能性进行预测的情报成品，供国家决策层和美军高层使用，是情报成果交流中最核心的战略情报产品。敌方重大动向情报涉及作战对象及其盟友关于军事、政治、社会等领域的重大行动和举措，具有高度的时间价值，为联合作战预警提供支持。专题性情报是针对某一特殊问题进行专门搜集和研究而获得的情报，具有针对性强的特点。例如，在阿富汗战争中，巴基斯坦三军情报局向美军提供了有关阿富汗地形、地貌和气候特点的战场环境专题报告，供美军特种作战部队在阿境内活动使用。实物资料是有关敌方的装备实物、图纸原稿等，对美军分析敌军武器装备性能、掌握其作战能力有很大帮助。

美军在联合作战中进行情报成果合作有定期交流和标准分发两种方法。定期交流主要是通过举行情报联席会议，将一定时期内的情报进行双边或多边的交换和交流，这在美军实施的联军作战中最为常见；标准分发则是按照美军与盟军在平时制定的一套标准化的分发和交换方法进行情报成果的共享。在阿富汗战争爆发前，美国紧急启动了代号为"千瓦"的盟国情报合作计划，建立了与英国、德国、法国、意大利等国的反恐怖情报网，将所搜集到的情报数据直接输入情报数据库，实现了情报共享。

仅在"9·11"事件发生后一个月里,盟国的情报网络已汇集了12万条信息,其中就包括"基地"组织头目的来往电话等。

（二）侦察手段合作

虽然美军拥有世界上最强大的情报搜集手段,但其仍然希望借助盟国和联军的情报力量弥补自身的局限和不足。特别是在实施有多国部队参与的联合战役行动中,美军强调,"参与国的情报、监视和侦察资产(特别是那些需求很高的机载情报、监视和侦察平台)应该全部纳入多国部队的情报搜集计划"[1],以此加强情报支援的整体能力。

美军进行情报合作的侦察手段包括谍报、航天、航空、信号、人力等方面,主要目的是弥补自身侦察能力不足和消除战场空间侦察"死角",同时也有降低行动危险性,避免人员、装备损失的目的。合作形式主要有四种:双方情报力量协同配合行动;美军提供装备,合作对象提供人员,共同实施情报行动;美军在合作对象国土内设立情报设施,供自身及联军作战使用;美军派遣人员对合作对象情报行动进行指导。在联合战役情报支援中,美军根据战场情况,灵活地与合作对象进行不同形式的合作。在阿富汗战争中,为了追踪本·拉登的踪迹,搜集"基地"组织的情报,美军一方面派遣特种分队与英国军情六处的特工一起并肩行动; 另一方面利用布设在巴基斯坦伊斯兰堡、白沙瓦、查曼等地的情报基地,监听塔利班与恐怖组织的通信,搜集了大量重要的情报。这种"复合式"的手段合作,在美军情报支援中普遍使用。

（三）人员与装备支援

人员与装备支援是指他国情报机构对美军联合战役行动直接提供情报人员和装备供其使用。这种合作方式主要应用在情报搜集和情报分析

---

[1]　美军 JP2-01《联合与国家情报对军事行动的支援》,2004年版,第90页。[R/OL].(2004-10-07)[2010-11-09].https://militarydictionary.org/source/joint-intelligence/.

领域，重点是为美军情报行动及联军作战行动发挥支援和补充作用。他国实施支援的情报人员既可以在联合情报行动中心参与情报行动的协调工作，也可以在分析机构从事情报的整编、研究工作。在伊拉克战争中，美国中央司令部联合情报行动中心就吸收了英国、加拿大、澳大利亚等国的情报人员，协调本国情报力量参与情报支援行动。阿富汗战争爆发前，美国中央司令部为了研究阿富汗历史和外国军队在阿富汗的作战情况，甚至请来了俄罗斯情报人员参与工作并介绍经验。美军接受别国情报装备支援在情报合作中并不常见，一般是在事发突然或合作对象技术确实先进的情况下进行的。例如，1991年伊拉克入侵科威特时，美军中央司令部侦察力量不足，就临时使用以色列提供的无人机对伊拉克展开侦察，为美军掌握事态发展、美国领导层决策以及即将展开的战役筹划提供了重要支持[1]。

但是，由于情报工作的隐秘性和斗争性，将本国情报人员和装备提供给别国使用，是情报工作的大忌，除非相互合作关系非常密切或涉及双方重大利益。因此，这种情报合作方式也只限于美军与英军等极少数盟军之间进行，一般不轻易采用。

三、有选择性地共享情报

尽管美军强调与别国进行情报合作与共享的重要性，但这种合作与共享并不是绝对的，而是有所保留的，具有强烈的可选择性。美军认为，"美国政府的政策是把有密级的军事信息视为一种国家安全资产，只有明确界定对美国有利的情况下才能与外国政府和国际组织分享"[2]，而且

---

[1] "Unmanned Israeli Drones Made the Difference in Kosovo Operations", Near East Report, Jul 12.

[2] 美军JP2-01《联合与国家情报对军事行动的支援》，2004年版，第89页。[R/OL].(2004-10-07)[2010-11-09].https://militarydictionary.org/source/joint-intelligence/.

共享仅限于那些与行动相关的必要信息，同时安全措施也要到位。

美军要求作战司令部及其下属联合部队情报处在与别国共享情报时，要严格遵守美国国家解密政策 1 号文件，即《向外国政府和国际组织解密军事秘密信息的国家政策和程序》以及美国国家情报主任颁布的《国家解密政策》。联合部队指挥官在没有得到授权的情况下，只能发布关于当前局势和敌方军队的情报，而诸如有关美军组织结构、训练与作战、武器装备等涉及美国或美军自身的敏感信息则被禁止发布。如果确实需要共享此类信息，作战司令部要根据政策指令向国防情报局和国家地理空间情报局等相关机构提出申请。即便是这样，指挥官及其情报部门在没有得到相应国家机构的批准前，既不能与盟国或临时联合体共享有关情报来源和获取方式的情报，也不能提供情报的原件。在科索沃战争中，美军在与北约共享有关图像和信号等秘密级或内部使用级情报时，只向对方展示情报内容，对情报来源和搜集方法以"例外级"予以屏蔽。

美军通常使用两种方法确定共享的情报：一是"分割线"法，即情报整理部门在打印高机密情报时，将非共享情报和共享情报分别打印在分割线上下，美军保留分隔线以上的情报，分发分隔线以下的情报；二是"分级"法，即将情报分为多种级别，如"仅限美国""北约内部发布""可向北约以外发布"等级，根据合作对象的资格和实际需求，共享相应级别的情报。此外，在进行情报处理时，还可以根据实际情况，分别建立美军单方和多国两支情报处理分队，进一步区分情报共享范围。美军认为这些方法可以有效将共享情报和非共享情报区分开来，降低失泄密的可能性，极大地方便与盟国和联军的情报合作。

第七章　美军联合战役情报支援的主要特点及局限性

告诉我你所知道的……告诉我你所不知道的……告诉我你所想的——这三者必须永远分清楚。[1]

——［美］鲍威尔

美军联合战役情报支援经过长时间的发展完善，并经历了战争实践的检验，其支援体制、行动方式、力量组成日益与各种战役行动紧密结合，使美军整体支援能力得到较大的提高，并在联合战役中发挥越来越重要的作用。同时，由于存在诸多主客观制约因素，美军情报支援也具有一些局限性，影响美军情报支援效能的充分发挥。

第一节　美军联合战役情报支援的主要特点

情报支援作为美军顺利实施联合战役的先决条件和重要支撑，在美军作战行动中处于十分突出的地位。特别是冷战结束后，美军在海湾战争、

---

[1]　美军 JP2-0《联合情报纲要》，2013 年版，第 56 页。[R/OL].(2013-10-22)[2014-11-05].https://militarydictionary.org/source/joint-intelligence/.

科索沃战争、阿富汗战争以及伊拉克战争等大规模战役行动中广泛运用信息网络技术，积极实践新的作战理论和作战手段，联合战役从协同性向一体化、内聚式方向发展，对夺取并保持战场信息优势、形成对己"单向透明"的战场环境提出新的要求。与此相适应，联合战役情报支援的组织实施、手段力量、形式方法也在不断转变和提升，其联合成分越来越浓，同步化和实时化程度越来越高，呈现出以下显著特点。

一、力求形成"大联合"体系支援

美军《联合作战纲要》指出，"现代战争的性质要求我们实施整体作战""联合作战就是整体作战"，并要求运用国家力量的所有手段进行战争、赢得战争，进而达成国家战略目标。情报支援是联合作战六大职能之一，并和指挥与控制一起适用于所有作战行动。情报支援作为美军联合作战体系的重要组成，同样也强调各种支援力量、支援手段、支援行动的有机融合，"使其形成一种超越任何单一组织的整体合力，为指挥官提供最为准确和及时的情报"[1]。这种融合不仅存在于战术、战役层次，也存在于战略层次；不但反映在军事领域，还反映在国家政治、经济、外交领域，表现出强烈的"大联合"属性，以充分发挥并形成体系威力和态势。

（一）综合运用各种情报力量

美军联合战役的复杂性决定了情报支援力量构成的多元性。参与支援行动的情报力量既包括美军各军种、各战区所辖的情报力量，又涵盖国家情报界16个成员，必要时还能得到美国政府部门甚至民间组织和团体的支援。美军要求在进行联合战役情报支援时，要在统一组织计划下，

---

[1] 美军JP2-01《联合与国家情报对军事行动的支援》，2004年版，第7页。[R/OL].(2004-10-07)[2010-11-09].https://militarydictionary.org/source/joint-intelligence/.

按照职责分工，综合运用这些类型各异的情报力量，使它们互相支持，协调合作，优势互补，最大限度地发挥体系合力。美军甚至认为，"需要重新定义'联合'，以使整个情报界在战争中发挥适当的作用。中央情报局、国家侦察局、国家安全局等机构可能是民事的——而且肯定还有许多其他任务和责任——但也是现代联合与网络中心作战的重要组成部分"[1]。

在几次战争实践中，美军依靠空、地、海、天及特种部队等情报力量，构成多层联合、全域覆盖、立体持续的侦察情报预警体系，并将各军种作战部队也纳入该体系中，使"每一个士兵都是一个传感器"的观念深入美军人心。美军通常将各种情报力量合理布设在整个作战空间中：在太空，有"锁眼-11""长曲棍球"等侦察卫星进行昼夜监视、监听；在2万米高空，有U-2S、"全球鹰"侦察机实施远程侦察监视；在0.6万~1万米高空，部署了E-8C"联合监视与目标攻击雷达系统"飞机、E-3预警机、"RC-135"侦察机等、"捕食者"无人机对地面移动目标和飞行目标跟踪；在3000米以下中低空，有"龙眼"无人机、OH-58D侦察直升机等为指挥官提供目标监视、跟踪和战场评估情报；在地面、海上和水下则分别有侦察车、侦察船和战舰、潜艇等装备和力量负责相关方面的情报侦察。与此同时，美军还注重使用包括谍报、侦察分队、特种作战部队等在内的传统人力情报力量实施情报搜集和反情报行动，以弥补技术情报力量的不足。美国国务院、司法部等政府机构也会指示各自的情报职能部门协调国内和国外活动，对国家指挥当局和战区指挥官提供支援。在需要时，美军还会通过国家间、国家集团间合作渠道和机制，获得盟国和联军的情报支援。

需要指出的是，美军对各种情报力量的运用，并不是简单的分工和组合，而是针对不同任务、不同力量特长，有重点地加以融合，使各种

[1]　军事科学院世界军事研究部：《伊拉克战争：战略、战术及军事上的经验教训》，军事科学出版社2005年版，第165页。

情报力量在不同的作战环境和时机发挥各自的作用，产生的总体效果大大超出个体效果的线性叠加，达到获取最佳效益的目的。例如，在情报搜集和分析过程中，美军强调要同时使用多种力量对某一特定目标实施连续侦察监视，必要时可以允许有一定冗余，获取的情报也要进行多方面的全源分析和印证。在伊拉克战争中，为了对"斩首"行动提供情报支援，美军将空中情报力量、空间情报力量和谍报力量进行联合，共同协作对萨达姆的行踪实施侦察，情报至少得到了 3 个来源的证实。虽然由于偶然因素，打击行动失败了，但由此可以看出美军情报支援的整体能力。

（二）灵活使用各种支援方式

为了充分发挥各种情报支援力量的整体效能，美军还强调通过灵活使用各种方式对联合部队指挥官及其下属部队提供情报支援。这些支援方式在美军联合战役行动中并不是绝对固定的，而是针对情报用户的实际需求、作战阶段的不同任务和特点，分清主次，采用不同的方法组合成美军情报支援整体行动，能够在战略、战役、战术层次上同时实施，使受援者有多种整体支援方案可以选择，进而提高支援的针对性和有效性。以国家级情报力量对战区作战司令部支援为例，美军主要有五种支援方式：一是国家情报机构向作战司令部派驻代表，为作战指挥官提供全时支援，并协调本单位的支援行动；二是应作战司令部申请，部署国家情报支援小组，向受援司令部指挥官提供国家级全源情报；三是启动危机情报联盟程序，使联合部队从整个情报界获得支援；四是由联合部队司令部向提出申请的战区部署快速反应小组；五是国防部联合情报行动中心实施总体协调，将受援司令部的情报需求提交给相关情报机构予以满足[1]。这五种主要支援方式适用于不同条件下的支援需求，可以根据

[1] 美军 JP2-01《联合与国家情报对军事行动的支援》，2004 年版，第 20 页。[R/OL].(2004-10-07)[2010-11-09].https://militarydictionary.org/source/joint-intelligence/.

战区事态发展和作战进程进行灵活选择，并能够相互结合使用，最大限度地满足战区遂行联合作战行动的情报需求。例如，向作战司令部派驻代表的支援方式主要用于平时、危机或战争爆发前，具有长期性和稳定性，支援的内容也多以分发情报、提供技术帮助以及协调相关行动为主；部署快速反应小组则是在危机显现或紧急情况出现的情况下实施，具有相对的临时性和应急性，目的是加强联合部队的目标选择和情报搜集管理工作。它们都是为了满足不同作战阶段的情报需求，既可以单独实施，也可以同时进行。美军在实践中通常将快速反应小组和中央情报局代表、国防情报局代表、国家安全局代表等共同部署在受援作战司令部内，使他们一起为作战指挥官提供支援。

随着网络信息技术的发展，美军日益重视将分布式防区外支援的方式与常规的支援方式结合使用。分布式防区外支援是指通过专用的保密情报通信网络，将美军分散在世界各地的情报力量联为一个整体，各种情报力量无须前往受援战区，在本地就可以针对用户需求直接进行支援。这种方式主要适用于情报分析领域的支援行动。与传统方式相比，分布式防区外支援具有快捷性和灵活性，且由于没有地域和机构分隔，较少受体制限制，因此，也更具开放性，有利于发挥情报支援的整体能力。在科索沃战争中，美国国防部就利用联合全球情报通信系统，指挥和控制分布在本土、亚洲和大洋洲的情报处理中心对欧洲总部作战司令部提供情报加工和处理方面的支援。伊拉克战争后，美军又大力发展"情报百科""分析空间"等网络工具和平台，加强分布式防区外支援的能力。

（三）情报支援与各种作战行动密切配合

同时性与纵深性是美军联合战役的基本思想，也是美军战役筹划要素之一，它要求"充分利用联合部队的各种能力和支援力量"[1]，"采用

---

[1]　美军 JP3-0《联合作战纲要》，2006 年版，第 210 页。[R/OL].(2006-9-17)[2008-04-15].https://www.jcs.mil/Doctrine/.

可以导致敌军从精神到实际凝聚力全面崩溃的方式来攻击敌军部队及其功能"[1]。美军情报支援力量作为联合战役体系力量不可分割的组成部分，除了以提供各类情报信息的方式进行支援外，还通过与各种作战行动的密切配合，在时间和空间上统一运用各种能力，增强联合作战的整体性，力求全面剥夺敌人的能力和抵抗意志。从冷战后美军发动的几场局部战争来看，情报支援主要与电子战、心理战、军事欺骗以及特种作战等行动配合比较密切。

在电子战方面，美军要求情报支援与电子战行动同步实施，并将两者作为一个整体加以计划和规范。特别是在遂行信号情报支援行动时，美军信号情报力量通常既执行信号情报支援任务，又执行电子干扰任务，或者把信号情报支援任务作为电子战行动的一部分加以考虑和实施。在部队编组上，美军也注重在旅战斗队以下级别部队中，把电子情报力量与电子战力量合二为一，既负责情报搜集和技术侦察，也负责电子攻击和电子防护等行动的组织实施。

在心理战方面，美军强调心理战计划人员不但要通过情报支援全面、及时地掌握有关目标和地区的政治、军事、经济、文化和心理状况等情报信息，还要将情报和反情报行动纳入心理战计划范畴，进行通盘考虑。美军认为只有这样，才能根据不同的心理战对象，使用不同宣传主题和宣传手段，抓住并放大敌方的弱点，从而取得最大的心理战效果。在伊拉克战争的心理战中，美军就十分重视发挥情报支援的作用。美军情报部门千方百计搜集伊军高级将领的手机号码，由会讲阿拉伯语的情报人员直接打电话进行劝降或策反，瓦解其战斗意志。

在军事欺骗方面，美军认为"军事欺骗依赖情报发现恰当的欺骗目标，情报可协助编造可信的故事，发现和利用有关的接收者（故事的读者）

---

[1] 美军 JP3-0《联合作战纲要》，2006 年版，第 209 页。[R/OL].(2006-9-17)[2008-04-15].https://www.jcs.mil/Doctrine/.

并可协助判断欺骗行动的效果"[1]。尤其是情报支援行动可以将特定的虚假情报和信息通过各种方式传递给敌方情报部门，误导其进行错误的分析判断，进而影响敌方作战行动。在伊拉克战争中，美军情报部门就通过一名代号为"四月愚人"的双面间谍，向伊拉克领导层提供了有关美军准备借道土耳其在伊拉克北部实施大规模空降作战的假情报，使萨达姆直到开战前都不敢把部署在北方战区的部队调往南方。

在特种作战方面，美军一方面强调情报支援对于特种作战至关重要，特种作战行动必须有及时、准确、灵敏的情报作为基础；另一方面将特种侦察作为特种作战的核心行动之一，使特种作战部队担负搜集或验证重要的战略或战役情报的任务，成为美军实施联合战役情报支援的重要力量。由于特种作战部队身兼情报和作战双重职能，美军特种作战行动往往呈现出侦察与打击一体化的特征。在阿富汗战争中，美军特种作战部队小分队骑着毛驴深入塔利班控制地区，既行贿打探、秘密搜索，又引导指示、突袭夺占，把特种作战行动和情报支援行动较好地融为一体，形成整体综合优势。

二、强调集中指挥协调与分散实施紧密结合

对于美军联合战役情报支援而言，情报力量和情报手段的多寡固然重要，但更重要的是怎样使这些力量和手段为实现共同的目标而统一行动。美军认为，"统一行动对有效的联合情报行动是必不可少的……能够使联合部队指挥官高效地运用所有可用的情报、监视与侦察力量"[2]，并将其作为情报支援的原则之一。为了实现统一行动，美军着重在情报支援体制设置上突出集中指挥协调与分散实施相结合，在确保对所有参

---

[1]　美军 JP3-0《联合作战纲要》，2006 年版，第 181 页。[R/OL].(2006-9-17)[2008-04-15].https://www.jcs.mil/Doctrine/.

[2]　美军 JP2-0《联合情报纲要》，2013 年版，第 62 页。[R/OL].(2013-10-22)[2014-11-05].https://militarydictionary.org/source/joint-intelligence/.

与支援的机构和组织实施统一指挥和协调的同时，发挥各级各类情报力量的优长和主动精神，使整个情报支援体系能够协调一致地运行并发挥最大效能。

（一）重视集中指挥协调权力，力求统一领导

在美军联合战役情报支援过程中，各种情报支援力量同时遂行不同样式的情报支援任务，既有军事情报旅等战区直属情报力量实施常规支援，又有特种作战部队实施特种侦察任务，还有国家支援力量实施直接支援。各种支援行动交叉进行，纷繁复杂，特别是有些情报支援行动涉及高层次战略背景，行动高度机密，对战争全局发展有着关键影响。在这种情况下，要确保整个情报支援行动高效有序，使各级指挥官能够及时得到所需要的支援，就必须对参与支援的情报力量在多维空间实施的支援行动进行统一计划、决策、组织、控制和协调。因此，无论战役行动的规模大小，美军都强调将情报支援的指挥协调权力高度集中于单一的指挥官和联合情报机构，认为这样可以使"遂行各种军事行动的作战部队从一个战区部署到另一个战区时，都能得到'无缝'的联合情报支援"[1]。

为了达成指挥协调权力的集中行使，美军主要采取三个方面的方法和措施：一是确立战区作战指挥官对战区情报支援行动的总体指挥协调职能。根据《戈德华特—尼科尔斯国防部改组法》，美军明确了各联合司令部对战区所有部队的指挥权，战区作战指挥官作为联合战役的主要实施者和重要决策者，也成为联合战役情报支援在战区层级的最高指挥者。战区作战指挥官不但有权组建联合情报组织、调动情报支援力量，对在战区内行动的各级情报组织行使作战指挥权和协调权，而且作为战区跨机构协调工作的核心人物，作战指挥官有时还能够代表美国政府与

---

[1] 美军 JP2-0《联合情报纲要》，2013 年版，第 62 页。[R/OL].(2013-10-22) [2014-11-05].https://militarydictionary.org/source/joint-intelligence/.

战区驻在国或地区领导人协调、决定情报支援的相关事宜。"持久自由行动"发起前，中央总部司令汤米·弗兰克斯就亲自与巴基斯坦、北方联盟的领导人商讨在作战中如何进行情报交流与合作。

二是建立常设性的联合情报行动中心。在美军联合战役情报支援历史发展过程中，联合情报机构的建立，标志着美军联合战役情报支援体制上的重大突破和进展。无论是第二次世界大战中的太平洋地区情报中心，还是海湾战争中的联合情报中心，都对统一实施情报支援行动、发挥情报支援整体能力起到了关键性的作用，这也成为成功经验之一。因此，美军在战略和战役层次分别建立了常设性的联合情报行动中心，作为国防部和战区协调战略情报支援力量、战役情报支援力量和战术情报支援力量，为战区内的联合作战行动提供情报支援的主要机构和关键渠道。同时，美军通常还将国家情报支援小组、快速反应小组等单位与战区联合情报行动中心共同配置使用，增强联合情报行动中心的协调能力。

三是组建临时性的联合情报支援机构。美军在设置常设性专职联合情报机构的同时，还视情况灵活组建临时性的联合情报支援机构，加强对重要作战行动和战区联合部队情报支援行动的集中指挥和协调，并将其作为整个联合战役情报支援体系的有力补充。例如，在伊拉克战争中，美军为协调诸多火力打击行动中的情报支援，专门组建了"联合目标协调机构"，负责拟制"联合打击目标清单"，并全权负责协调相关情报支援机构及汇总所有目标情报。此外，美军还授权联合部队指挥官需要时可以在战区下属联合司令部和联合特遣部队编成内组建联合情报支援分队，承担为联合特遣部队提供情报支援和协调战区甚至国家情报支援行动的任务。同时，为统一指挥反情报行动，美军通常在联合部队参谋部情报处内建立一个反情报分部，专门负责战术、战役、战略以及多国等层次的所有反情报活动，协调各单位开展行动。

（二）情报支援力量职责明确，分散实施行动

虽然美军强调对情报支援行动进行集中指挥协调，但这并不意味着

对所有参与联合战役情报支援的机构和组织的各种行动都实施严格的统一控制。集中指挥协调的目的主要是力求实现情报支援行动的总体效果，形成情报信息的全源分析和支援力量的整体对敌。各种情报需求和支援任务需要各级各类情报支援机构根据自身能力特点、支援任务性质及作战环境实际情况，有针对性地分散实施行动。在实践中，由于情报支援的特殊性质，决定了只有分散实施行动才能确保支援的顺利进行。为此，美国政府和军队依据专业情报方向对各情报支援机构的职能职责做出了明确规定和说明，并赋予它们相应的情报支援任务。

在伊拉克战争中，美军参与联合战役情报支援的各机构就承担了不同的任务：国防情报局负责为国家指挥当局、战区作战指挥官提供全源情报产品，并指挥协调军事情报系统内的所有人力情报行动；国家侦察局调动多颗侦察卫星，对伊拉克及其周边地区实施全天候侦察监视；国家安全局利用遍布世界各地的监听系统为战区指挥机构提供信号情报与确保信息系统安全；中央情报局负责派遣特工，实施秘密情报搜集行动，并对伊军高层进行心理战；联合情报中心负责国家级和战区级的情报支援协调活动，以及对各种来源情报进行汇总分析和分发；国家图像与测绘局（国家地理空间情报局前身）负责为作战行动提供地图、海图、航图和测地方面的支援；特种部队遂行侦察、引导、打击等特种任务。同时，各国家部门机构和军种情报机构也都在各自职权范围内对联合作战提供不同的支援和服务。

此外，美军还强调要在战术层次分散使用情报力量和装备，并认为"将情报、监视与侦察系统和传感器装置分散化，能够使团战斗队中的情报小队拥有不完全的自主权"，"继续将情报、监视与侦察系统各要素大胆下放到机动营，以促进有充分自主权和灵活性的情报、监视与侦察行动，并使目标定位过程更加便利"[1]。可见，分散实施行动是美军各个层次情

---

[1] 军事科学院世界军事研究部：《伊拉克战争：战略、战术及军事上的经验教训》，军事科学出版社 2005 年版，第 160–161 页。

报支援的基本特征。

美军情报支援机构在明确各自职责的同时，也存在职能交叉重叠的现象。例如，中央情报局和国防情报局都拥有人力情报手段；陆、海、空三军信号情报部门和国家安全局共同进行通信情报的截获、破译和分析活动。其中的原因既有涉及军种、部门权力利益，也有相互制衡、防止一方独大，但从联合战役的角度看，更主要的是由于美军认识到单一的情报机构、单一的情报手段不可能完成需求各异的情报支援任务，而且适度的情报职能重叠在一定程度上还可以促成情报机构之间的竞争性支援，促使其发挥各自的优长以提高行动效率。此外，多方面获取的情报也有利于相互之间的印证分析，以形成全源情报，提高支援情报的准确性。因此，在美军情报支援中职能的集中与分散是相对的，其基本着眼点是支援行动的最终效果。

（三）情报支援层级分明，重心在战区

美军联合作战理论将战争分为战略、战役和战术三个等级，以阐明实现国家战略目标与实施战术行动之间的联系。与之相对应，情报支援行动也被划分为相应的等级。美军认为，虽然"战争的这三个级别之间并没有明确的限定范围或界线"[1]，但把情报支援划分为战略、战役和战术三个等级既有助于联合部队指挥官及其情报部门构想情报在不同级别间的流程，又有利于将情报支援任务和资源合理分配给国家、战区、军种等情报支援单位。美军联合战役情报支援体制包括国家战略情报系统、战区战役情报系统和部队战术情报系统三级。其中，国家战略情报系统主要由美国情报界16个成员组成，由国家情报主任进行领导和协调；战区战役情报系统由战区情报机构和直属情报力量以及国家战略情报系统直接支援力量组成，是实施情报支援行动的重心和关键所在；部队战术情报系统主要指美军军及军以下部队建制内情报力量。

---

[1] 美军JP3-0《联合作战纲要》，2006年版，第68页。[R/OL].(2006-9-17)[2008-04-15].https://www.jcs.mil/Doctrine/.

　　战区战役情报系统的关键性主要体现在如下三个方面：一是从作战指挥链看，战区指挥系统是美军联合战役指挥体制的重心，是联合战役行动的直接指挥机构，负责指挥责任区域内所有的作战行动。战区战役情报系统担负为战区指挥系统提供全源情报，确保其正确运筹决策的任务，其重要性不言而喻。二是从体系架构上分析，战区战役情报系统在纵向上与战略级和战术级情报系统相连，在横向上与多国和跨机构情报支援相协调，位于纵横联系的焦点，处于承上启下、横向融合的中间环节，起着桥梁和纽带的作用。它通过领会作战指挥官的作战意图，依据指挥官的优先情报需求，形成情报支援构想和计划，协调各方情报力量，运用各种支援方式满足联合部队及军种组成部队情报需求，将支援作战指挥官分析决策与赋予部队作战能力紧密结合，发挥着至关重要的作用。三是从内部组成上看，战区战役情报系统成分丰富，功能完备，受到支援力度最大。它既拥有联合参谋部情报处、联合情报行动中心、联合情报支援分队等情报指挥协调机构，又有军事情报旅、特种作战部队等直属侦察情报力量，还有国家情报支援小组、联合空间支援小组、快速反应小组以及国家情报机构派驻代表等支援力量，是各方情报力量的汇聚点，特别是国家战略情报系统更是倾其全力实施全方位支援。在海湾战争中，美军就向中央总部情报处部署了 11 个国家军事情报支援小组，所有国家和军种情报机构都向战区派遣了情报行动专家、地区问题专家和分析人员以提供直接情报支援 [1]。由此不难看出，战区战役情报系统在美军联合战役情报支援体制中的关键地位。

三、强化情报与其他作战要素深度融合

　　近期美国发动的几场局部战争实践表明：系统与系统、体系与体系的对抗，将成为信息时代联合战役的主要形式。美军早在 20 世纪 90 年

---

[1]　美国国防部：《海湾战争：美国国防部致国会的最后报告附录》（中），军事科学院外国军事研究院、中国国防科技信息中心译，军事科学出版社 1992 年版，第 24 页。

代初就开始使用"系统集成"的方法理论，试图将各种原本分立的作战要素进行横向整合，构成统一的作战体系。随着信息网络技术在军事领域的发展与应用，美军利用信息技术的融合性，着力强化将情报、监视、侦察、指挥控制、火力、通信、武器装备等作战要素进行集成和融合，并认为只有这样才能实现"从传感器到射手"的无缝链接，进而取得信息优势、决策优势、行动优势以及战争优势。

（一）系统集成，实现情报、监视与侦察一体化

美军认为，侦察是"旨在通过目视观察或其他侦察手段获得有关敌人或潜在敌人的活动与资源的情报"，监视是"运用目视、耳听、电子、照相或其他手段对航空航天、地（水）面或地（水）下的地区、热点、人员或物体进行系统的观察"[1]，两者之间的主要区别是"监视是被动并且连续不断的，而侦察活动的特点则是持续时间较短且多使用主动方式"[2]，情报、监视与侦察是三种不同性质的行动。由于种种原因，美军在情报、监视与侦察在文化认知、组织结构和作战运用上一直存在一定程度的分离，严重影响联合战役情报支援的效果。随着情报转型的深化，美军提出要将三者视为密不可分的整体，通过综合集成实现三者合一。美军指出，一体化的情报、监视与侦察应是"为直接支援当前或未来的作战行动，协调和整合传感器、资源以及处理、利用和分发系统的计划和运作中的活动"[3]，是情报与其他作战要素进行融合的基础和条件。

虽然情报、监视与侦察一体化的概念是在美军转型全面开展后提出

---

[1]　美军 JP3-0《联合作战纲要》，2006 年版，第 439、446 页。[R/OL].(2006-9-17)[2008-04-15].https://www.jcs.mil/Doctrine/.

[2]　美国陆军 FM3-0 野战条令《作战纲要》，2008 年版，第 255 页。[R/OL].(2008-03-22)[2013-06-04].https://www.gloalsecurity.org/military/library/policy/army/fm/.

[3]　美军 JP2-0《联合情报纲要》，2013 年版，第 194 页。[R/OL].(2013-10-22)[2014-11-05].https://militarydictionary.org/source/joint-intelligence/.

的，但是自海湾战争以来，美军就一直在联合作战实践中试验情报、监视与侦察一体化的途径。在海湾战争中，美军部署了2架E-8"联合监视与目标攻击雷达系统"飞机，并出动了地面移动目标指示器、合成孔径雷达以及少量的无人机，初步构成了结构简单的一体化系统。在科索沃战争中，美军出动的"捕食者"无人机已经开始装备光学监视系统和激光目标指引器，成为一个功能复合型的ISR平台。在阿富汗战争中，美军已经能够部署和使用集成型传感器系统。该系统包括成像与电子侦察卫星、E-3预警与控制飞机、E-8"联合监视与目标攻击雷达系统"飞机、RC-135侦察机、P-3侦察机、"捕食者"无人机、"全球鹰"无人机，以及配备目标电子吊舱的F-14、F-16等飞机，甚至还有地面的特种部队指示装备，较好地把各种传感器和侦察、监视平台集成为一个完整的体系。在伊拉克战争中，美军"全球鹰"无人机和"捕食者"无人机依靠可部署地面系统，在空军第480情报大队的控制下，通过卫星将获取的战场监视图像发送到位于美国本土的空军基地，经处理分析后，再将结果传送给位于沙特的联合空中作战中心，而空军第480情报大队的人员则是在美国本土对无人机实施操作和控制。美军将这种新的情报、监视与侦察方式称为"分布式ISR作战"[1]。

美军实现情报、监视与侦察一体化的主要措施有：一是整合各种侦察监视平台和传感器，通过将多种传感器集成在单个侦察平台上或是将不同类别侦察平台联网等方法，实现传感器与侦察平台之间的融合，发挥综合集成效能。例如，美军在U-2侦察机机头部位安装了光电/红外或全天候合成孔径雷达侧视传感器，在其机翼上装有收集信号情报的大型吊舱，既可以实施常规照相侦察，也能用于对敌防空雷达辐射源定位。二是发展高速数据链，推广CDL（通用数据链）标准，重点解决影响情报传输的带宽和速率问题。三是重组情报、监视与侦察系统的结构，使原有侦察平台、传感器与地面处理中心一一对应的关系变为网状多点拓

---

[1] 《伊拉克战争中的ISR》，载《国际电子战》2003年第3期。

扑形态结构，形成一体化系统。通过这些措施，美军不断地将情报、监视与侦察进行融合，以使指挥官能够根据不断变化的战场情况迅速做出反应。

（二）横向融合，促进作战环境可视化

美军认为，"了解作战环境是联合作战行动的基础"[1]，"在军事行动中，情报的最大作用是帮助指挥官及其参谋人员了解作战环境的相关方面，并使之可视化"[2]。实现作战环境可视化应满足四个前提条件：一是对敌人的目的、能力、作战部署、作战行动、作战地域地理天候以及中立方情况有一个全面了解；二是能够将各方面的情报和信息进行融合，特别是同级单位之间的横向融合；三是能够将实时掌握的战场敌我双方态势和行动以图形图像的方式直观显示出来；四是有统一的数据标准和人机接口，能够向不同军种用户分发。上述条件涉及情报、通信、指挥控制等诸多作战要素，其实质目的是将情报与实施作战行动的人员联系起来，提高作战人员对情报的理解能力，达到《美国国防部转型计划指南》所提出的转型后的情报能力应"确保我们所有的系统能够与全球信息栅格、共享感知系统和转型后的指挥、控制与通信系统互联互通"的要求，进而促进实现作战决策和行动的实时化、可控化。

美军在联合战役情报支援中重点借助"21 世纪部队旅及旅以下作战指挥系统""蓝军跟踪系统"等情报指挥控制装备，以通用作战态势图为主要表现形式，实现作战环境可视化，其功能和先进性主要集中体现在以下几个方面：一是战场空间可视。美军利用数字化三维技术和实体建模技术，能够将作战地域的地形地貌、设施建筑、河流水文等自然地

---

[1]　美军 JP3-0《联合作战纲要》，2006 年版，第 141 页。[R/OL].(2006-9-17)
[2008-04-15].https://www.jcs.mil/Doctrine/.

[2]　美军 JP2-0《联合情报纲要》，2013 年版，第 52 页。[R/OL].(2013-10-22)
[2014-11-05].https://militarydictionary.org/source/joint-intelligence/.

理要素，以立体或平面等多种形式形象地展示出来，使指挥官以身临其境的感觉了解战场；还能够以文字或图表来显示电磁环境、社会人文等作战影响因素，便于指挥官达成对战场环境的全面认知。二是战场态势可视。由于美军情报、监视与侦察系统基本实现了实时获取、实时处理、实时传输和实时显示，加之情报横向融合程度不断提高，战场上各种目标都能及时显示在屏幕上，这使指挥官可以随时掌握敌我双方部队的位置、状态及能力，增强对战场形势的整体了解和把握。三是作战指挥可视。美军的通用作战态势图不仅可以作为情报分发共享的平台，而且能够通过系统集成的卫星通信工具向己方部队下达命令，协助指挥官进行作战指挥，这样就将战场定位、指挥控制、态势共享等功能融为一体，使指挥官能在最有利的地点和时间集中各种资源实施联合作战。

鉴于作战环境可视化在联合作战中的突出功效，美军在"联合功能概念"文件中，将其作为联合指挥与控制能力的主要组成部分之一。2004年又把作战环境可视化中的核心系统——"蓝军跟踪系统"评为年度"网络中心战创新成就奖"。由此可见，作战环境可视化已成为美军融合情报与其他作战要素的重要载体，在联合战役情报支援中发挥的作用也将更加显著。

（三）提供"可行动的情报"，力求将侦察与打击融为一体

"可行动的情报"是美军为将情报与其他作战要素进行紧密融合而提出的一项新的重要概念，强调情报支援应在搜集、分析、分发等领域高度集成的基础上，及时、准确地将特定、相关的高时效性情报提供给指挥官和作战人员，使其可以实时决策、实时行动和实时评估，提高情报在联合作战中的行动能力。美军为联合作战提供"可行动的情报"的着眼点和最终效果之一，就是实现侦察与打击的一体化，在战役战术层面把原本相对分离的情报和作战两大职能进行全面融合，进而实现情报、决策、行动的无缝连接。

从作战实践看，美军侦察与打击一体化主要有两种运用形式：一是

将情报侦察系统、指挥控制系统、通信传输系统、打击系统等分系统配置在不同空间平台上，通过数据链集成为一个复杂的多功能综合系统，如"PLSS（Precision Location Strike System）"系统、"迪萨克"系统等。在作战时，由空基、天基、地基等侦察装备发现、识别、跟踪目标，并将情报传回处理中心和指挥中心，经分析融合后，发送给战斗机、轰炸机等武器平台实施攻击。在 2001 年 11 月 16 日凌晨，美军一架"捕食者"无人机在实施空中侦察时发现一支车队，位于美国本土的指挥中心通过无人机传回的图像迅速判断出该车队可能是"基地"组织的部分成员，随即一边控制无人机继续监视，一边及时指挥 3 架 F-15 战斗机升空，投掷 3 枚精确制导弹药，准确命中目标，整个过程均是在一体化的系统中运作的。事后证实，"基地"组织二号人物阿提夫在这次火力袭击中丧命[1]。二是侦察平台携带攻击性武器或攻击平台配备侦察器材，自己发现目标，自己摧毁目标。例如，美军在"捕食者"无人机上加装了两枚"地狱火"导弹，在 B-1 战略轰炸机上安装了"移动目标指示器"，使这些原来执行单一侦察或打击任务的武器装备，具备侦察与打击双重行动能力，能够发现目标后立即实施攻击。在阿富汗战争中，美军就使用挂载精确制导弹药的无人机对塔利班首领奥马尔实施攻击，虽然没有达成目的，但也将侦察与打击一体化的威力显露无遗，初步实现"发现即摧毁"。

美军通过提供"可行动的情报"实现侦察与打击一体化，对提升美军联合战役能力产生了极其重要的影响：一是提高了战场反应能力。利用实时传递的可靠情报，美军在传感器和射手之间建立直接联系，特别是能够以单一平台的形式完成"打击链"的全部程序，压缩了"发现、定位、瞄准、跟踪和打击"闭环回路的过程，使美军对战场敏感性目标的反应时间有效缩短到几分钟。二是提高了整体作战能力。在实施侦察与打击一体化行动中，为了确保打击的实时性，美军参与战役行动的情

---

[1] 郑守华等著：《第一场国际反恐怖战争：阿富汗战争》，军事科学出版社2008 年版，第 99 页。

报力量、指挥协调力量、火力打击力量等进行"无缝隙"的协同与配合，通过互通与共享情报，协调一致地实施统一行动，高效释放联合作战能量。三是提高了精确打击能力。美军情报侦察系统在准确发现目标并精确定位后，能及时将情报传输到与之相连的打击单元，可以在短时间内形成精确火力突击。美军在无人机上装备打击武器，使其既可长时间担负侦察监视任务，又可在第一时间向可疑目标发起攻击，这本身也拓展了美军精确打击的手段，增强了打击的灵活性和可选择性。四是提高了实时指挥能力。通过战场数据链的连接，美军指挥官能够与一线侦察人员直接交流，甚至可以在战场情报终端的显示设备上观看即时图像，对战场实际态势有着清晰直观的认识，能够快速下定决心，选择合适的攻击系统实施打击，并对整个行动进行实时调控。

四、注重高精技术手段与传统手段的综合运用

尽管科学技术的发展是情报工作不断取得突破的基本支撑之一，情报对先进技术的依赖程度也越来越高，但是在几场新技术含量较高的局部战争中，美军情报支援却遵循"高技术手段与传统手段并重"的理念，强调各种情报手段的综合运用。美军认为在联合战役情报支援中，单靠哪一类情报手段和方法都很难完成所有的支援任务，各类手段都有自身的优势和局限，具有其他手段无法替代的独特能力。"必须避免过分依赖于某一特定的传感器、来源、系统或技术"[1]，要针对不同情况灵活使用。因此，在阿富汗战场上，出现了太空中侦察卫星在巡视，地面上特种部队士兵骑着毛驴进行目标引导的独特场景。美军将现代技术与传统手段进行了对接和融合，在作战中也确实取得了重要成效。

---

[1] 美军JP2-01《联合与国家情报对军事行动的支援》，2004年版，第41页。[R/OL].(2004-10-07)[2010-11-09].https://militarydictionary.org/source/joint-intelligence/.

（一）各种手段相互补充，谋求"全谱优势"

美军在《2020 年联合构想》中提出了"全谱优势"的概念，要求在一系列连续的、强度不等的军事行动中，美军都能单独地或与多国部队和跨机构组织一起，协同击败任何对手并控制局势，同时认为取得信息优势是掌控"全谱优势"的关键因素。从美军战略构想和作战理论及实践分析来看，美军夺取信息优势和"全谱优势"的首要前提就是在应付各种领域内的冲突、执行不同任务的过程中，都能够及时、准确地得到情报支援，并将这种支援能力转化为遂行联合作战的全面能力。要达到这样的目标和要求，情报支援必须在全维的作战空间、各种强度的作战行动中，综合运用各种情报技术和手段，构成相互补充、高低结合、合理搭配的全谱布局，加强和扩大联合部队指挥、机动、打击和防护的效果。

在美军谋求"全谱优势"的过程中，每一种情报技术和手段基本都能得到充分的运用，在整个情报支援中能找到各自发挥作用的着力点。从作战空间看，无论是在太空、陆地、海洋、空中，还是在信息、电磁、心理、认知等领域，美军都有相应的情报手段进行支援；从作战行动看，无论是高速机动突击，还是空中精确打击，抑或城市攻坚作战及山区清剿行动，各种情报手段也都能根据行动重点发挥不同作用。在搜集情报时，航天侦察、空中侦察、特种侦察、谍报侦察、武官侦察、网络侦察等各种技术手段采取互补性行动，相得益彰；在分析敌情时，先进的情报决策辅助系统和"红队"（假想敌分队）共同进行情报分析和行动方案推演；在分发情报时，也采用将通用作战态势图等信息技术手段与实物传递手段相结合的方法。例如，在伊拉克战争中，美军融合使用各种侦察手段，实施全方位的立体侦察与监视，既大量采用高技术侦察手段，动用 90 多颗侦察卫星、100 多架专业侦察机、预警机、无人机，又重视使用传统的人力侦察手段，向作战地域派遣多达 1 万余人的特种作战部队，深入伊拉克全境，广泛遂行特种侦察、目标定位、打击效果评估、营救己方被俘人员等任务，充分发挥了人力侦察手段所具有的独特优势。美军还将对公开报道的分析作为重要的情报补充，通过细致分析半岛电视台播放的萨达姆影像来验证打击效果，判断萨达姆的生死。伊拉克战争的实践再次证明，唯有各种情报技术手段密切配合、协调互补，才能充分提升联合战役情报支援的综合效能。

美军在拥有高精技术情报优势的情况下，仍然强调传统手段的作用的主要原因是：发挥不同手段的特长，形成全源情报融合。由于战场环境的影响、技术装备的差异以及敌方伪装和欺骗措施，高精技术手段的运用在很大程度上受到制约，而诸如人力情报等传统手段则可以发挥其隐蔽、灵活、机动和可靠的优势，使美军重新认识到传统手段能够完成高精技术手段所不能完成的一些使命，依然是联合战役中重要的情报来源。同时，多种手段的综合运用也可以使不同来源的情报相互印证，提高情报的准确性。因此，在海湾战争后，美军吸取过于依赖侦察卫星等技术手段的教训，大力加强包括特种作战部队在内的传统手段建设，在随后的阿富汗战争和伊拉克战争中得到了较好检验。

（二）多种手段灵活选择，形成"非对称优势"

美军在联合战役情报支援实践中，由于要面对不同作战环境和对手，通常在高精技术手段和传统手段之间进行灵活选择，针对敌人的弱点，运用敌人未掌握或尚不具备的情报技术和能力，实施与敌人"不同类型""不对等"的情报行动，最大限度地突出自己的强项，形成整体上的"非对称优势"，确保联合部队获取战场主动权和保持行动自由。美军情报支援强调"非对称优势"，从本质上讲就是以己之长，击敌之短，以长补短，以强胜弱，追求以最小的代价获得最大作战效益，在运用过程中具体体现在以下几个方面。

一是根据战场环境，充分发挥不同情报手段的独特优势。不同的情报手段适用于不同的环境，而不同的环境对情报手段的要求和影响程度也不同。先进的高精技术手段为美军情报支援提供了相对丰富的选择余地和发挥空间，使得实现非对称优势的自由度和可能性大为增强。但在某些复杂环境下，高精技术情报手段不一定都能成为美军情报支援的强点，有时也可能影响支援的效果，甚至还会造成严重失误。在海湾战争中，由于云层较厚和敌人实施伪装，致使美军太空侦察和航空侦察对地下目标识别、发现程度不高，出现过误炸平民掩体的事故。而在伊拉克战争中，美军针对城市环境中人口众多、街道纵横、建筑物林立、信号侦察等诸多高技术手段受到较大限制的战场特点，优先使用特种侦察和武装侦察等传统手段，发挥特种作战部队懂当地语言、了解当地文化、能较快适应城市环境的特长，通过目视、潜伏以及收买线人等方式，重点搜集有关城市作战的地形和人员情报。

二是着眼于作战对手弱点，超常规选择情报手段。每一个对手都有其自身的强项和弱点。美军在使用情报手段时，也强调针对作战对手的弱点，运用避实击虚、避强击弱的思想，采用敌人意想不到的方法和方式，实施各种情报行动。在阿富汗战争中，塔利班组织对美军高精技术情报手段的威力已经有了较深的认识，在伪装、疏散重要目标等方面进行了大量的准备工作，并认为在阿富汗严格的宗教制度下，美军及西方情报人员很难在阿富汗当地立足。而美军恰恰利用塔利班这一心态，在使用卫星、无人机等高技术手段对阿富汗全境进行不间断侦察监视的同时，打破常规，敢于冒风险，直接派遣中央情报局特工和特种作战人员深入阿富汗境内，实施各种人力情报行动，甚至潜入坎大哈，确定奥马尔的住所和"基地"组织的总部，在战争初期空袭行动中，摧毁了大量要害目标。在 2011 年 4 月底，美国中央情报局特工经过长时间跟踪和调查一名基地组织的信使，终于确认本·拉登在距巴基斯坦伊斯兰堡不足 100 千米的阿巴塔巴德的藏身地点，海军陆战队海豹突击队搭乘直升机迅速出动，一举将其成功狙杀，取得美军反恐战争的重大胜利 [1]。美军情报人员主要就是利用基地组织对人力情报防范不力的弱点，获取了关键情报。

---

[1] 综合自：http://news.ifeng.com/world/special/binladendead/, http://news.163.com/。

三是依据作战行动特点，采用最有效的情报手段。美军实施情报行动中，经常考虑根据作战行动的特点来采用相应的技术手段，以确保支援效果，这一点在复杂的城市联合作战中表现得最为突出。以 2004 年 11 月美军对占据伊拉克费卢杰的反美武装展开的城市联合进攻战役"幻影愤怒"行动为例，在空地联合打击行动中，针对城市作战要遵循"精选精打，减少附带损伤"的要求，美军主要使用先进的照相侦察卫星和无人机拍摄费卢杰地区的精密图片，详细掌握并精确定位城中的地形地物以及敌军的兵力和火力部署；在攻坚清剿行动中，针对巷战视界和射界小、敌方防御火力点隐蔽且坚固的特点，美军利用超低频电磁波、生命特征信号监测雷达等高技术装备，探测出隔墙隐蔽的人员，使潜伏者难以遁形；在封锁隔离行动中，针对武装分子混入平民的现象，美军派出小股特种作战分队潜入城区化装成伊拉克国民卫队，实施抵近和火力侦察，有针对性地掌握反美武装人员情况，取得了很好的效果。从这些方面说，美军可谓依靠高精技术，但又不唯高精技术。

（三）保持适度冗余，确保"最低安全标准"

虽然美军在运用情报手段时，强调行动的效率和效果，以够用、管用为标准，有时也会使用一种手段执行多种任务，但同时美军也指出，"为了满足一个高优先等级的需求就要动用多个来源"，"使用不同系统或情报门类的多重能力就会增加成功的可能性"[1]，"特别是当那种来源不再能得到，或者敌方已知道了你所使用的手段，从而采取措施来加以反制的话，死板地依靠某单一来源可能导致任务失败"[2]。因此，美军在支

---

[1] 美军JP2-01《联合与国家情报对军事行动的支援》，2004 年版，第 48 页。[R／OL].(2004-10-07)[2010-11-09].https://militarydictionary.org/source/joint-intelligence/.

[2] 美军JP2-01《联合与国家情报对军事行动的支援》，2004 年版，第 41 页。[R／OL].(2004-10-07)[2010-11-09].https://militarydictionary.org/source/joint-intelligence/.

援重要行动任务时，通常围绕一个共同目标，同时动用多种情报手段，高技术手段和传统手段集中运用，允许一定程度的力量冗余，以确保达成"最低安全标准"——保证若干手段中有一种能够顺利完成任务。

首先，在情报力量编制上，体现手段功能复合化。美军参与支援的情报力量大多具有多种情报手段，在功能上具有复合化的特点，以保证实施支援行动过程中能有多种选择。例如，美军"斯特赖克"旅战斗队所属骑兵中队和军事情报连分别编有侦察连、监视连和人力情报排、情报分析排等单位，装备有装甲侦察车、地面监视雷达、无人机、战术传感器、地空侦察与无线电电子战综合系统等，能够实施航空侦察、无线电侦察、武装侦察、雷达侦察、人力侦察等多种侦察行动，能有效获取375平方千米范围内的各种情报信息，具备同时对最多9条线路实施侦察和最大18个区域进行监视的能力。美军在综合使用这些情报手段的情况下，基本可为旅战斗队提供全天候、全时段、及时准确的战场侦察和监视，实时地保证旅指挥官的情报信息需求。

其次，在情报手段运用上，突出集中连续实施。美军认为，为了满足指挥官关键情报需求，应当高效率地运用所有合适的情报、监视与侦察手段，对目标展开多波次、不间断的情报活动，以适度地叠加重复行动确保情报支援的效果。在海湾战争中，美军情报机构为了给施瓦茨科普夫提供"左勾拳"行动的地理条件依据，在使用卫星和航空照相等高技术手段对伊拉克南部沙漠地区进行侦察的同时，还派出数十个侦察小组进行实地观察，取回了预想中美军主力进攻轴线上主要地段的土样，勘察了进攻的主要通道，确认美军各种坦克及装甲车辆能够顺利通过该地区，从而使美军下定决心实施大规模战役迂回。

需要指出的是，由于作战环境的日益复杂和作战进程的快速多变，影响联合战役情报支援的不确定因素大为增加，即使美军综合运用各种情报手段建立"最低安全标准"，也不能绝对保证满足每一项关键情报需求。但是美军坚持"高精技术手段与传统手段并重"的做法，的确有效地提升了情报支援的效果，这一点在几次战争实践中都得到了证明，也促使美军在近几年来既强调保持并扩大技术优势，又要求为传统的人力情报注入新的活力。

五、立足于平战统一、建用一体

美军认为，"掌握大规模杀伤性武器的敌对国家和恐怖分子是美国面临的最严重的安全挑战之一"[1]，其对美国安全和利益造成的威胁具有极大的不确定性。美军面临的将是多对手、多领域、多地区的各种危机、武装冲突以及非传统安全威胁。为了在全球任何地区与任何对手打赢任何规模和强度的战争，"情报机构必须随时准备在各类军事行动中的各种情况下对大量预料之中和预料之外的需求做出反应"[2]。因此，美军特别重视情报工作的未雨绸缪，着眼战时情报需求，采取各种方法和措施，将平时情报工作与战时情报支援紧密关联，努力形成平战统一、建用一体的行动能力和资源，为可能实施的联合战役行动提供情报支援。

（一）坚持将针对性情报准备工作置于战时支援的基础地位

美军认为，就情报工作本质而言，并没有平时和战时之分。一方面，情报机构必须始终保持高度警觉的工作状态,在和平时期就要"监控外国、形势动荡地区和跨国问题的发展，及时发现美国利益面临的威胁，以便高级军事领导人进行有效应对"[3]。另一方面，美军由于应急性作战色彩浓厚，战前准备阶段短暂，不可能有充足的时间，从容地搜集、分析相关情报。因此，美军只有在平时有针对性地加强对重点目标和潜在对手的情报准备工作，进行一定程度的情报储备，战时才能为指挥官决策和

---

[1] 美军JP3-0《联合作战纲要》，2006年版，第35页。[R/OL].(2006-9-17)[2008-04-15].https://www.jcs.mil/Doctrine/.

[2] 美军JP2-01《联合与国家情报对军事行动的支援》，第8页。

[3] 美军JP2-0《联合情报纲要》，2013年版，第49页。[R/OL].(2013-10-22)[2014-11-05].https://militarydictionary.org/source/joint-intelligence/.

部队行动提供及时、准确的情报支援。美军在这方面是有着深刻教训的：在入侵格林纳达作战中，美军情报机构由于事先准备不足，不能提供详细的城市市区地图，只好用公开发行的旅游图代替，很是被动。此后则是越来越重视这项工作，美军在海湾战争、阿富汗战争及伊拉克战争前都进行了较为充分的准备，使情报支援从战役筹划阶段起就发挥了重要作用。

美军在平时加强针对性情报准备主要有几个方面的工作：一是加强对重点地区和对象的持续侦察监视，及时掌握其动向。美军在发动伊拉克战争前，对伊拉克已实施长达 12 年的侦察监视。在这 12 年里，美军以 1991 年海湾战争前的情报准备为基础，使用各种手段和方式对伊拉克进行全方位、立体化的侦察监视，甚至借用联合国核查的名义对可疑的设施进行侦察，积累了伊总统府、指挥机构、地下设施等大量关键目标的情报资料。这些行动使美军不但较为全面地掌握了伊拉克的基本情况，而且能够及时获悉其最新动向，对美军制订战役计划和选择战役初期打击目标发挥了重要作用。二是加强对相关领域情报的研究和储备。美军情报机构不但拥有先进的侦察手段，还有众多专门研究某一方向、领域的情报分析专家，从事对各方面搜集的情报和信息进行汇总分析，发现并提炼出有价值的情报，同时建立相关的情报数据库，以供战时查询及提供支援。例如，在"沙漠盾牌"行动实施前，美军情报部门就根据多年的积累和研究，编写了《他们如何打仗》和《波斯湾资料大全》两本小册子，详细介绍了伊军作战特点、能力和海湾地区地理及人文情况，为美军开展战时情报支援创造了良好的条件。三是加强情报力量布建。美军情报部门通常针对世界热点地区、战略要地以及重点对象有目的地布建一些诸如监听站、谍报组织等情报力量。这些"超前预置"的情报力量既可以在平时搜集有关对象的情报，又能够在战时就地实施情报支援。例如，在伊拉克战争中，美军就高效率地使用了潜伏在巴格达的特工和布设在周边国家的侦察站，为中央总部实施作战行动发挥了不可取代的作用。

（二）注重建立完备的平战转换机制，提高危机情报支援能力

美军历来将应对危机的情报支援快速反应能力视为维护安全利益、提高联合作战能力的重要手段。特别是在冷战后，美军认为其面临的威胁趋于多元化和不确定性，潜在威胁的性质和程度可能会受诸多因素影响发生改变，某些危机也会发展为大规模作战行动，情报支援由平时向战时的快速转换就显得尤为重要。为了提高情报支援的快速反应水平，美军以平时情报运行体制为依托，建立了完备的平战转换机制，强化情报支援平战统一的特性，确保美军联合战役行动有序高效地展开。

美军联合战役情报支援的平战转换，从运行机制角度看主要有几个重要特点和做法：一是制订情报支援行动预案。美军认为，在平时就预有准备地制订各种情报支援行动预案是加快战时转换速度的重要手段。美军情报支援行动预案的范围较为广泛，包括国家情报支援计划、战区情报行动计划、作战部队情报计划以及盟国情报交流协议等，对支援行动的方法和步骤都进行了规定。例如，在协调整个情报界支援的危机情报联盟协议中，就明确了危机时提供支援的机构、任务分工、相互关系、支援方式等事项。二是快速建立扩充情报支援指挥机构。在海湾战争"沙漠盾牌"行动实施前，中央总部情报部门规模较小，为了有效指挥协调情报支援行动，美军迅速向战区派遣了一个联合军种小组，协助其建立战区联合情报中心，同时选派各军种情报人员加强充实，在短时间内形成作战能力。三是迅速向危机地区投送情报力量。当美军认为危机有升级为大规模作战行动的可能，而本地区的美军情报力量不足以完成支援任务时，就会采用各种方式向该地区输送情报力量。美军要求，一旦危机行动升级，在接到战区司令部申请后，国家安全局要在4小时内派出特种支援小组，而联合部队司令部也将在24小时内部署快速反应小组，加强战区情报机构的分析能力。同时，美军还会从其他战区调集侦察监视力量参与支援。在科索沃战争爆发前，美军就紧急调用数颗侦察卫星飞临巴尔干半岛地区上空，同时又从本土增派无人侦察机以及图像判读

专家，加强对南联盟指挥系统、基础设施、作战部队等重点目标的侦察监视和分析。四是视情况逐步加强国家情报支援。在美军情报支援进行平战转换的过程中，国家情报力量将以多种形式对战区情报机构实施增援。但这种支援并不是同时提供的，而是由战区司令部根据事态发展，依据自身情报需求和情报能力而定的。有些情报需求可由国家情报机构派驻战区的代表直接解决，无须经由各级联合情报组织协调，这也在很大程度上简化了支援程序，提高了平战转换速度。

通过以上措施和做法，美军可以在较短时间内完成平战转换，提高快速反应能力，集中优势情报力量。另外，在美军战备转换过程中，诸如投送情报力量、扩充情报机构等行动，也会被视为展示美军强大的情报实力以及使用这些实力的意志和决心，起到威慑敌方的效果，甚至可能实现"不战而屈人之兵"。从某种意义上说，这也是平战统一所追求的最高目标。

（三）强调按实战要求进行联合战役情报支援力量布建

灵敏性是美军联合战役情报支援的原则之一，要求情报支援力量无论是在战时还是在平时，都要对所有可能发生的紧急情况做出快速反应，灵活适应不断变化的环境和情况。为此美军强调，应着重在平时按实战要求对情报支援力量进行管理和建设，使其在平时就具备强大的行动能力和良好的出动状态，一旦危机发生，无须进行大规模的调整和准备，就可以立即投入作战行动中实施情报支援。在几次局部战争中，美军联合部队尚未组建完成，各种情报力量就已经率先对作战对手展开情报活动，这与平时良好的建设和管理有着直接关系。美军按实战要求来建设情报支援力量主要体现在以下几个方面。

第一，注重总体规划，全面推进情报转型。美军因应安全环境和作战对手的变化，着眼应对非对称安全威胁，秉持"在作战中转型、在转型中作战"的理念，在阿富汗战争和伊拉克战争还在进行的过程中，就先后颁布了《国防部转型计划指南》《军事转型战略途径》《联合作战情报转型》《陆军情报转型战役计划》《情报、监视与侦察作战概念》等一系列指导美军情报建设的纲领性文件。这些文件对美军情报转型的目标、途径、步骤以及未来作战情报支援的方式和应具备的能力都进行了详细的设计和规划，其中还特别注意吸收美军在几次战争中的实践经验和教训，提出诸如"持续监视""人力情报转型""可行动的情报"等相应的转型概念和计划。通过提出宏观构想和进行顶层设计，美军不但为情报支援的发展指引方向，而且促进了情报支援在理论上和实践中紧贴实战要求。例如，美军用"情报流程"取代"情报周期"，将"作战空间"发展为"作战环境"等都在不同程度上体现了联合作战的要求。

第二，适应联合战役需要，加强情报训练和演习。美军一直认为，平时良好的训练是确保战时顺利、高效地实施情报支援的基础，是提高部队战斗力最重要的"倍增器"。为适应战役作战的需要，美军制订了各种周密的情报训练计划，以提高情报人员在复杂环境下实施情报行动的能力。例如，美军正在实施的"每个士兵都是传感器计划"，通过训练强化各级部队士兵在战术背景下增强战场感知能力；"文化感知训练"则根据美军在阿富汗和伊拉克的反恐、反暴乱实践，帮助情报人员和士兵了解外国社会、宗教等方面的专业文化知识。同时，美军还注重通过实战化的演习来检验训练效果，发现问题，解决问题。例如，在美国地理空间情报局与联合部队司令部举行的"帝国挑战"演习中，美军就设置了逼真的战场环境，围绕战场地理空间情报互操作能力，对持久监视、联合目标锁定、多领域感知、非传统 ISR 打击和 ISR 管理等方面进行演示和检验。通过加强相关领域的情报训练，美军不仅可以提高情报支援能力，还能够使各种情报力量较好地保持戒备状态，随时准备实施情报行动。

第三，着眼战时支援效率，组建调整支援机构。在建设与作战同步发展的思想指导下，战时支援效率成为美军设置情报支援机构的主要着眼点。美军认为，一个机构存在的价值取决于它在行动中所起的作用和效能。如果作用不明显，效率低下，就需要进行调整、重组甚至裁撤。

例如，为了加强作战与情报的无缝连接，更好、更快地为各级情报用户提供所需的情报，美军于2006年在国防情报局、各联合司令部以及驻韩美军司令部内分别设立一个常设性的联合情报行动中心，从而提升国家和战区情报支援体系的一体化程度。而此前美军只是在战时才临时组建类似的机构。其中重要的原因就是，经过几次战争的实践检验，美军充分认识到联合情报组织对于统一协调情报支援行动是无可替代的，必须加强其在联合作战情报支援体系中的地位和作用。

第四，针对复杂战场环境，研发新型武器装备。先进的情报装备是美军联合战役情报支援的物质和技术基础，也是美军相对于作战对手的核心优势之一。尽管已经取得了巨大的成功，美军仍然强调情报支援要在武器装备方面形成绝对的优势，并要适应日益复杂的战场环境，确保在任何情况下都能实施有效的支援行动。在情报搜集方面，美军重点发展天基侦察系统以及无人侦察装备，提高侦察监视能力、机动能力和战场生存能力；在情报传递分发方面，美军研制了"分布式通用地面系统"，初步实现了空军侦察装备与陆军指挥系统的互通互联；在情报分析方面，美军利用第二代互联网技术，开发了"情报百科""分析空间"等平台和工具，使情报分析人员在处于分散配置或战区外的情况下，能够共享情报信息，协作开展分析工作。这些新型武器装备在美军情报支援中将发挥至关重要的作用。

第二节　美军联合战役情报支援的局限性

强大是相对的，强中有弱则是必然的。虽然美军联合战役情报支援在几次战争实践中发挥了令人瞩目的作用，但任何事物都具有两面性，美军的情报支援行动并非完美无缺、无懈可击。由于受诸多条件和因素的制约，美军也具有一些本身固有的、难以克服的弱点和缺陷，不可避免地对其实施联合战役情报支援造成不利影响。这种局限性主要体现在以下几个方面。

一、情报支援体系庞大复杂，高效协调运作难度大

从控制论来说，系统越复杂，影响因素就越多，使其高效运行的难度就越大。如果将联合战役情报支援体系看作一个系统，情报机构、指挥控制、武器装备、体制编制等每一个因素都在系统中发挥作用。由于美军联合战役情报支援具有囊括各军种、政府机构、民间组织、外国联军等"大联合"的特点，来自多方面、多层次、多领域的各种要素都要融入该体系并发挥作用，使整个情报支援体系变得非常复杂，协调运作的难度也随之增大。

（一）情报协调机制作用有限

虽然美军为联合战役情报支援建立了国家和战区两级联合情报行动中心，专门协调情报支援行动，制定了比较完善的情报协调制度，但在实际运行过程中，美军这种大量依靠协调活动来获取情报支援的机制在某些情况下起到的作用并不明显，情报协调机构的配合也不默契。其中一个突出的原因是，在美军联合战役指挥与控制关系中，协调权本不属于指挥权，是指挥官为实现统一行动而在两个或两个以上部队、机构之间建立的关系，其本质是存在协调关系的双方基于平等进行的协商，而非强制性命令或权威性指示。美军也明确指出，"指挥官或个人有权要求有关机构之间进行协商，但无权强行取得一致"[1]。简单地说就是，情报支援协调必须经过被协调对象的同意才能进行，反之则无效。这在作战行动速度和节奏成倍提高的联合作战环境下，其效率必然大打折扣。

---

[1]　美军 JP1《美国武装部队纲要》，2006 年版，第 112 页。

因此，美军自身也认为"在作战行动期间应限制这种权利"[1]。

美军情报协调机制的局限在国家情报支援层面表现得最为明显：其一，国家情报总监在情报支援中的实际权力有限。根据《2004 年情报改革和预防恐怖主义法案》，国家情报总监是美国情报界的最高首长，对情报界所有成员进行管理，但未赋予其对管理对象上下级式的指挥权。这导致国家情报总监在进行情报支援协调时，如果各情报机构处于因自身利益相互推诿或争执时，只有在总统的介入和支持下，才能顺利实施跨机构协调。同时，美国情报界还有一半的成员处于国防部的直接领导下，国防部部长有权对其进行指挥，而国家情报总监则不能取代国防部部长的法定职责。这就造成了国家情报支援协调职能的相对分散，在一定程度上影响支援的效率。其二，各情报支援机构相对独立，缺乏互通性。为美军联合战役行动提供支援的 16 个国家情报机构主要按情报门类进行分工，基本各自负责某一领域的情报活动，长期以来形成了条块分割、壁垒森严的情报"烟囱"，严重缺乏交流和互通，支援行动也是各自为战。绝大多数情况下，情报只有经过联合情报机构才能形成较为全面的分析判断，这在很大程度上加重了情报协调机构的负担，也影响了情报支援的实时性。其三，情报协调机构难以提供指向明确的情报，影响战区指挥官决策。联合情报行动中心等协调机构虽然可以对不同来源的情报进行综合分析，但它提供给指挥官的情报通常是具有多种可能性的情报备选方案，在一定程度上会使指挥官感到无所适从。在海湾战争中，美军就反映国家情报机构提供的情报太过笼统、脚注太多，虽然可以使情报用户了解不同的观点和预测，但对于指挥官来说，备选方案过多，可能影响作战部队的调整与部署。[2]

---

[1]　美军 JP1《美国武装部队纲要》，2006 年版，第 172 页。

[2]　美国国防部：《海湾战争：美国国防部致国会的最后报告附录》（中），军事科学院外国军事研究院、中国国防科技信息中心译，军事科学出版社 1992 年版，第 26 页。

（二）情报支援申请程序烦琐

美军联合战役情报支援体系层级分明，战区和作战部队申请情报支援一般是通过相关情报协调机构层层上报、审批，然后经过多重指挥机构才能将任务分配给相应的情报组织进行支援。即使是在战区联合情报行动中心和联合特遣部队联合情报支援分队内驻有各情报组织的代表和国家情报支援小组，作战部队的情报支援申请也要经过战区级情报协调单位的批准，才能递交给各情报组织代表。因此，美军认为，虽然在海湾战争以及随后的几场局部战争展示了美军使用强大的情报搜集力量和手段支援作战的情况，但同时也暴露出情报申请支援程序烦琐的不足。提出申请与实施搜集之间没有明显的联系，没有从国家或战区搜集资源接收所申请情报的任何实用手段，特别是"为师一级报告目标情况申请情报搜集的程序烦琐得令人望而生畏，而为营目标申请情报搜集则更是如此"[1]。同时，美军也指出这种缺陷的深层次原因不在于技术问题，而是人为造成的问题，"这种体制设置了战术用户难以跨越的行政障碍"。[2]

以美军获取卫星系统情报支援为例，其申请批准的流程是：首先，战区下属联合部队情报部门收集确认各军种组成部队的卫星情报需求后，向战区联合情报行动中心提交支援申请。联合情报行动中心经研究、确认、汇总后，对这些需求进行优先级排序，将高等级的情报支援申请递交给国防部联合情报行动中心，再由其向国防部部长或国防情报局测量与特征情报技术搜集处主管提交。其次，如果情报支援申请被批准，则国防部部长或国防情报局测量与特征情报技术搜集处主管将向国防部联合情报行动中心返回情报支援任务清单，然后国防部情报行动中心再与战略司令部协调搜集任务的分派。最后，由战略司令部通过国家侦察局

---

[1]　军事科学院世界军事研究部：《伊拉克战争：来自参战国军方的报告》，军事科学出版社 2005 年版，第 217 页。

[2]　军事科学院世界军事研究部：《伊拉克战争：来自参战国军方的报告》，军事科学出版社 2005 年版，第 224 页。

或直接向卫星系统注入任务指令。在整个申请过程中，不但要经过两级联合情报行动中心的协调，还要获得国防部部长及相关主管单位的审批，其中涉及申请者、协调者、授权者和实施者多个单位，造成申请程序异常复杂，协调难度和效率可想而知。在伊拉克战争中，美军陆战1师在作战行动的准备和各个战斗阶段中都未能得到及时和有效的国家影像情报支援，烦琐的支援程序是其中主要原因。因此，在战后总结经验教训时，该师提出"情报的搜集与管理体制应向扁平化发展"[1]。这也从一个侧面反映出简化情报搜集的申请程序，已成为提高美军联合战役情报支援效率的突出问题。

（三）严格的保密措施影响情报共享

美军历来重视情报保密工作，将其视为关系国家安全和作战行动成功实施的重大问题，并采取各种手段和措施大力加强保密安全工作。为有效抵御敌人的攻击和消除泄密事件的发生，美军一方面利用物理隔离、密码保护、自动检测等技术手段，另一方面建立完整配套的法规制度体系，不断强化情报安全保密。然而，过于严格的保密措施在有效防范敌人的同时，也在一定程度上影响了情报共享渠道的通畅，并人为制造了一些障碍。早在第二次世界大战期间，美军就由于过分强调保密，严格限制能够破译日军密码的"魔术"情报的分发范围，连战区司令官也不能接触到这类情报，致使美军太平洋地区的指挥官不能及时掌握日美关系出现的重大变化，没有提高对日军偷袭珍珠港可能性的警惕，遭受严重损失。

美军保密措施对情报共享交流的不利影响主要反映在两个方面：一是保密等级不一致，影响有联军参与时的情报支援。由于美军规定，在与联军或外国共享交流情报时，要严格按照美国的保密规定，按不同等

---

[1]　军事科学院世界军事研究部：《伊拉克战争：战略、战术及军事上的经验教训》，军事科学出版社2005年版，第222页。

级共享情报。这就意味着外国军队或与外国军队一起工作的部分美军无法得到一些高敏感性的情报，对联军作战行动造成不小的影响。例如，在科索沃战争中，美军"鹰"特遣部队就将自身获取的包括敌我双方的所有情报和信息都列为"由发文者控制的美军专用信息"，如果想得到此类某一情报，只能由"鹰"特遣部队决定是否提供。联军空中作战中心的地面态势分析小组由于依照北约章程开展工作的原因，无法共享有关地面总态势的情报，致使其大大降低了目标处理能力。二是密码支援渠道单一，影响下级部队及时获取情报。美军在作战中主要是通过国家安全局派出的密码勤务小组，进入美国密码系统并获得帮助的。密码勤务小组通常是以实体临时部署的形式向受援单位提供支援，而没有采取加密信息授权邮件等自动化数据格式发送到受援单位。一旦密码勤务小组的部署行动受阻，美军部队就无法得到密码支援，也就不能及时共享相关情报。

二、情报资源分配欠均衡，战术情报支援能力相对不足

与国家和战区情报机构拥有多种全方位、全天候、多领域的情报支援能力相比，美军战术层次的情报支援能力是其战役情报支援体系中的一个薄弱点。在海湾战争时，美军就已经总结出这样的教训——"战略层次的情报搞得很好，但我们没有足够的战术情报，即前线战斗情报"[1]。此后，美军采取各种方法和措施，有针对性地加强战术情报支援能力，也取得了一定的进展。但是在伊拉克战争中，美军指挥官仍然反映"缺少实现情报工作'无缝化'所需的各类情报收集、处理人员及相关的通

---

[1] 美国国防部：《海湾战争：美国国防部致国会的最后报告附录》（中），军事科学院外国军事研究院、中国国防科技信息中心译，军事科学出版社1992年版，第21页。

信系统，因此未能具备全谱军事行动的理想资源"[1]。可见，战术情报支援能力的不足已成为制约美军联合战役情报支援能力的重要因素。

（一）人力情报资源缺乏

人力情报资源缺乏的问题在美军情报支援体系中各个层次都有不同程度的体现，但在战术一级的情报支援力量中表现得尤为突出。由于长期以来对技术情报手段的依赖，美军在人力情报方面历来投入不够，在海湾战争和伊拉克战争中都有关于人力情报资源不足的教训总结。特别是在伊拉克战争中，虽然美军投入了大量特种作战部队，有时还将特种作战小组直接配属给旅一级单位使用，但在总体上战术人力情报资源还是存在较大缺口。例如，陆战1师在师一级没有配备足够的人力情报人员，而团一级则根本没有人力情报人员，甚至出现了师级情报处和军事情报营争抢人手的局面，在基层的作战部队中也存在同样的问题。

美军战术人力情报资源缺乏主要表现在三个方面：一是人力情报侦察能力有限。美军人力情报侦察活动方式主要包括审讯、听取情况报告、接触消息人士、利用文件与其他媒介资料开发等，其中语言技能是实施侦察行动的关键条件。虽然美军加强了对人力情报人员这一方面的培训，开始招募相关民族人员，但是通晓外国文化，特别是伊斯兰文化和阿拉伯文化的情报人员仍然严重不足，并且这一缺陷不是在短时间内能够改变的。在伊拉克战争中，美军第3机步师在实施稳定行动中，战术人力情报小组在得到军事情报营派出的24名会说阿拉伯语的人员支援后，才使其搜集情报能力有所增强。二是人力情报分析人员不足。美军在作战部队层级没有配备专职的地区专家、技术专家和外语专家对人力情报进行分析，通常在战时视情况予以加强。在转型后的陆军旅战斗队中，虽

---

[1]　军事科学院世界军事研究部：《伊拉克战争：来自参战国军方的报告》，军事科学出版社2005年版，第270页。

然设置了专门负责人力情报和反情报行动的 S2X 小组（人力情报与反情报），但全组只有 5 个人，其中负责人力情报分析的只有 2 名技术员 [1]，显然分析力量不能满足全旅人力情报的需求。三是缺少人力情报参谋人员。伊拉克战争前，美军在师一级情报处内没有常设的人力情报股，导致在参谋部门中没有合适的人员来制订部队的人力侦察情报任务和计划。在伊拉克战争中，鉴于人力情报的作用越来越重要，美军在第 3 机步师情报处内临时指定一名军官成立人力情报股，负责统筹和协调有关人力情报活动。美军认为，只有在编制上充分保证人力情报支援的人员配备，才能在作战中应付各种紧急和复杂的局面。

（二）情报处理分析效率偏低

美军一直重视情报侦察力量和手段的发展利用，力求形成对己"单向透明"的作战环境。但相比强大的情报搜集能力而言，美军战术情报支援力量的情报处理分析效率却提高不大。从海湾战争到伊拉克战争，几乎每次总结报告中都会出现作战部队指挥官抱怨情报处理分析不能达到他们所要求的程度。造成战术情报处理分析效率偏低的原因除了战场情报和信息总量过大以外，主要还有两个方面的原因：一是国家、战区情报机构以及部队情报机构本身没有或较少考虑下级的情报需求，而将大量未曾经过加工处理的情报和信息一股脑地从通信渠道推向下级，造成所谓的"信息洪流"，使美军师、团各级情报机构都充斥着大量与其任务和需求不相关的情报和信息。下级情报机构只能从这些情报和信息中筛选对自己有价值的部分。这样一方面占用了有限的网络带宽，另一方面人为地增加了战术情报处理分析的负担，使其在一定时间内的实际工作效率大为降低。二是美军战术情报处理系统的自动化、智能化程度有限。虽然美军为作战部队情报机构配备了全源分析系统等情报分析处

---

[1] Intelligence Lessons and Observations, Military Intelligence Professional Bulletin, October-December 2004.

理装备，但在很多情况下还是无法对所有情报和信息进行有效的分类整理以及辅助决策。美军在情报转型中提出要大力加强相关领域的研究和开发。目前，有关装备系统还未列装部队。即使以后投入使用，人工智能也无法取代人在情报处理分析活动中的作用，美军战术情报处理分析的效率在短期内很难有大幅度的提升。

（三）情报实时共享能力受到一定程度限制

实现情报实时共享是美军联合战役情报支援一直追求的目标，也是美军在情报建设中重点强调和加强的方面。尽管在几次战争实践中，美军战略和战役层次的情报共享表现得一次比一次突出，基本达成了及时共享和分发，但在战术层次却仍然暴露出不少问题，制约着美军整体情报支援能力的发挥。例如，在伊拉克战争中，美军第 3 机步师和 101 空中突击师由于使用的战术卫星作战与情报网不支持在机动中工作，而师指挥网又负载过大，导致旅和营在战斗中无法接收和发送情报和信息，无法掌握整个地面作战态势。因此，第 3 机步师强烈建议为部队配备移动式远距离通信系统和接入机密互联网协议路由器网的手段，以确保作战部队能够在高速机动作战中及时共享情报。

美军战术层次的情报共享主要存在如下问题：一是与国家和战区情报支援机构通联不稳定。由于通信带宽、装备接口等问题，美军一线部队的情报机构在作战中与国家或战区的情报支援机构经常无法保持稳定的联系，有时甚至会完全中断联系，这极大地影响了情报共享。陆战 1 师在伊拉克战争的"萨夫万镇战斗"中就曾遇到类似的情况。当时该师急需萨夫万镇的图像情报，却无从得到。但几天以后，国家地面情报中心的评估报告中却出了该镇的影像图片。国家和战区情报机构显然没有得到陆战 1 师的共享需求。美军认为，这是整个战争情报链条中的一个缺口。二是战术情报机构没有实现与战斗分队的直接联系。美军旅级部队的情报股由于没有配备 21 世纪部队旅及旅以下作战指挥系统，使得其与各作战营和人力情报小组的通信极为困难，在作战行动中不得不通过各营的后方指挥机构使用语音消息和 SIPRNET 电子邮件取得联系，这严重制约了旅情报机构对行动态势的了解和情报的分发。美军认为，"当前尚无可靠渠道向运动中的营团传输数据。因服务器排队等原因，有时向师团发送的电子邮件需要几天时间。虽然表面看来只是通信问题，但对情报的及时性和反应能力的影响却十分严重"[1]。三是与其他单位存在一定程度的情报分隔。由于支援体制和行动性质的原因，美军特种作战部队和中央情报局特工即使与常规作战部队在同一地域实施行动，通常也不与其共享获取的情报。一般只有在师、旅指挥机构制订作战计划的后期阶段，特种作战部队和其他政府代表才与其商讨情报需求和交换的事项。但商讨只有常规部队指挥机构的核心人员才能参与，情报参谋人员一般是不能接触此类信息的。而且这种有限的交流仅仅是临时合作性质，并没有固定的或标准的程序来建立一种稳定的共享机制。因此，在"伊拉克自由"行动的稳定与支援行动阶段中，战术部队情报机构很难得到特种作战部队掌握的同一作战地域内的情报，这使美军战术层次的情报共享又增添了不小的困难。

三、过度依赖技术优势，情报支援体系存在脆弱性

现代先进技术给美军情报支援带来的巨大优势是毋庸置疑的，凭借种类齐全、手段多样、性能先进的情报侦察装备，美军几乎在每次战争中都可以取得非对称情报优势，并在一定程度上形成相对于作战对手的情报支援技术"代差"。但是战争实践也表明：先进技术如同一把双刃剑，在提供多种可能性的同时，也潜伏了多种薄弱点。越是先进的技术，其作战运用的脆弱性越大，对使用环境、维护等要求越高。美军联合战役情报支援也由于过度依赖技术优势，存在一定的脆弱性，在实战中容

---

[1] 军事科学院世界军事研究部：《伊拉克战争：来自参战国军方的报告》，军事科学出版社 2005 年版，第 217 页。

易成为己方的软肋和敌方的攻击目标。

（一）空天侦察平台防护能力薄弱

航天和航空侦察是美军在联合战役行动中进行侦察监视的主要方式，其获取的情报和信息量在整个情报支援中占有巨大比例，美军也将其视为夺取和保持信息优势的重要保证。但是随着空天侦察在美军情报支援中发挥的作用不断增大，美军对其依赖程度也不断加深，空天侦察平台防护能力较弱的局限也越来越突出。

在航天侦察平台方面，各种卫星是美军最重要的侦察平台，美军95%的侦察情报、80%的战略通信、100%的气象情报信息来自卫星系统[1]。平时，美国领导层通过侦察卫星掌握各国军政动向；战时，美军利用侦察平台进行绵密的侦察监视，为指挥官提供各种目标情报，并依赖GPS提供导航、定位与精确打击能力。但由于侦察卫星平时轨道相对固定，运行周期容易被敌方掌握，并且自身缺少主动和被动防护手段，日益成为美军情报支援中较为薄弱的一环，一旦被敌方攻击，不但支援效果受到严重影响，而且美军整个C4ISR系统将陷入混乱。美国国防部认为，可以威胁到美国航天侦察平台的武器系统不仅有反卫星导弹，而且包括激光、高能微波、粒子束等定向能武器系统，以及卫星通信干扰与GPS信号干扰系统等[2]。随着信息技术的发展和卫星技术的扩散，世界上具备反卫星作战的国家已不局限于几个军事大国，一些中小国家也掌握了地面干扰卫星系统的技术。而美军各类侦察卫星大部分在低轨道运行，极易被反卫星导弹摧毁，因被高能激光致盲或被信号干扰而失效。在伊拉克战争中，伊军就是使用了GPS干扰设备，对美军作战行动造成一些不利影响。美军也认识到航天侦察平台的脆弱性，在伊拉克战争后颁布了《反

---

[1] 王及平：《一体化联合作战研究》，军事科学出版社 2005 年版，第 79 页。

[2] Office of the Secretary of Defense, Military Power of the People's Republic of China 2009, p. 27.

空间作战条令》，加强对空间系统的防御，但由于卫星自身固有的防护缺陷，其效果还有待于实践检验。

在航空侦察平台方面，美军各种飞机的自身防护能力也比较有限，除了没有配备有效的自卫武器外，其飞行速度也偏低，特别是目前美军大量装备作战部队的无人机更是如此。例如，"全球鹰"远程无人机飞行时速只有 550 千米 / 小时，易遭受敌方战斗机的拦截和地空导弹的打击；"影子 200"无人机执行任务时要求飞临目标上空，且滞留时间较长，抵御地空炮火的能力非常薄弱。此外，E-8"联合星"、E-3、E-2C 等大型预警飞机虽然一般部署在己方控制空域内，但由于目标较大、支援作战作用突出、机动性差，也很可能成为对方反辐射导弹和歼击机的重要突击目标，而美军这些预警机基本上没有防护能力，只能采取撤退规避的措施，被迫离开值班空域，中断预警与指挥，削弱整体支援能力。

（二）情报信息系统易受网络攻击

网络化的情报信息系统是美军支撑联合战役情报支援的基础设施，它帮助美军实现在地理分散的状态下灵活、快速、高效地实施情报支援。美军在利用网络化的情报信息系统获得巨大优势的同时，自然也要承受网络先天所具有的脆弱性，出现诸多的"易受攻击之窗"，其中来自敌方的网络攻击是最大的安全威胁。美军已将确保网络安全上升至战略层次的高度，认为"许多怀有恶意的人或组织均可对我们的重要基础设施攻击，但其中令我们最为关切的是有组织的网络攻击的威胁，这种攻击能够导致我们国家的关键性基础设施、国民经济和国家安全的严重削弱"[1]。

尽管美军对网络攻击的威胁已有了充分的认识，并采取了一系列防范措施，但是由于网络本身的复杂性和开放性，美军情报信息系统在敌

---

[1] 中国国际战略学会军控与裁军研究中心：《美国网络空间安全战略文件汇编》，军事谊文出版社 2009 年版，第 17 页。

方的网络攻击下，仍然显得十分脆弱。在科索沃战争中，南联盟在北约联军强大的精确打击和情报支援优势面前几乎没有还手之力，但却能够运用网络战对北约联军展开非对称攻击，并取得一定效果。例如，南联盟黑客多次攻击北约联军的互联网址及电子邮件信箱，使电子邮件服务器被阻塞；利用"梅利莎""疯牛"等病毒使北约计算机通信网络一度陷入瘫痪。虽然网络攻击最终没有对美军情报支援行动产生致命的影响，但这已经初步反映美军抵御类似攻击行动的能力还是较为薄弱，一定意义上也向处于弱势的作战对手暴露了美军联合作战的弱点。

网络攻击对美军情报信息系统的巨大破坏性和威胁性主要表现在：一是具有较强的渗透力，能够利用网络系统的开放性，从多个节点隐蔽入侵。特别是美军军事通信网络与民用通信网络没有做到绝对的物理隔离，给敌方渗透提供了机会。而一旦敌方成功潜入，不仅会导致情报信息的失窃，而且可能以点破网，扰乱甚至瘫痪整个情报信息系统，进而瘫痪整个情报支援体系。二是灵活多样的攻击方法和手段，令美军防不胜防。黑客们通常使用不止一种手段和方法对美军网络进行攻击，一方面在网络上游荡，对美军网络防御系统进行欺骗试探，寻找可能的突破口；另一方面使用各种黑客软件，破译系统超级用户口令，取得网络系统的进入权甚至控制权，实施更具破坏力的攻击行动。三是攻击实施者身份难以确定，攻击行动代价低廉。为了提高支援效能，形成整体作战能力，美军通过网络系统将各种情报支援要素联系起来，形成了结构复杂、纵横连接的大系统。但这同时也使系统节点增多，遭受攻击的可能性也随之增大，而且由于攻击可能来自任何方向和地区，攻击实施者的身份不能确定，美军难以进行有效的反击。此外，进行网络攻击不需要特殊的装备，很多情况下仅用一台电脑、一个与对方网络的接口即可实施攻击，这也大大增加了美军防御的难度。

（三）技术侦察装备适应复杂战场环境能力有限

美军依靠众多先进的技术侦察装备有力地支援了各种作战行动的实

施，但技术侦察装备受复杂战场环境因素的影响制约很大，联合战役情报支援效能的发挥存在一定程度的局限。

第一，技术侦察装备易受自然环境的影响。不良的天候和地形会不同程度地降低美军技术侦察装备的性能，使情报获取和传输的质量大幅下降，即使有些高技术的侦察装备本身具有一些抗恶劣条件能力，但其侦察效果的精确性和稳定性仍然或多或少地受到影响。美军曾做过试验，同样一台微光夜视仪，在星光条件下可夜视距离达到 600 米，而在沙尘暴天气里则根本无法观察。在伊拉克战争初期，美军就由于伊拉克境内刮起大范围沙尘暴，导致技术侦察装备无法正常工作，目标识别能力降低，部队行动的危险性增大，不得不暂时中断高速实施的机动作战，等待天气转好后，才结束休整，恢复进攻态势。另外，美军很多地面技术侦察装备采用轮式或履带式车辆装载，比较适合在平原和沙漠地形上机动，而对于山岳丛林等复杂地形则难以适应，这也较大地限制了美军发挥情报支援的整体优势。

第二，技术侦察装备对抗敌方反侦察干扰能力较弱。为了有效地降低敌方获取己方情报的能力，作战双方在重视搜集情报的同时，往往采取一系列反侦察措施与手段来增大敌方获取情报的难度。从作战实践看，美军技术侦察装备在识别假目标、对抗伪装等反侦察方面仍然显得能力不足。在海湾战争和科索沃战争中，作战对手对其军事目标和重要设施进行伪装，设置了大量假目标并不断变换地点，隐真示假，使美军使用侦察卫星、无人机、地面传感器等高技术侦察装备和器材获取情报的难度明显增大，从而有效地保护了真目标，分散和消耗了美军搜集情报的实力。

第三，技术侦察装备对装备保障要求较高。美军实施联合作战时通常远离本土基地，其情报支援行动分散，补给线绵长，部队机动快速，情报支援随机性和流动性增大，使装备跟进支援的难度较大。更重要的是，美军技术侦察装备信息化程度高、种类多、战时出动强度大，对维修保障的需求量极大。在快节奏的支援行动中，一旦发生故障，仅靠数量有限的建制内技术力量难以满足维修需求。特别是许多高技术装备结构复杂，要求保障人员具有很高的技术素质，有的问题甚至只有高级技师和专家才能解决，这也限制了美军技术侦察装备在战场上的使用。

四、存在众多制约因素，"认知分析"难以"全面可靠"

美军在实施联合战役情报支援时，强调情报分析工作要能够准确判断敌人的意图，预测敌人所有可能的行动方案，作战环境联合情报准备也要相应地对己方、敌方和中立方的所有情况进行全面的认知。这种认知包括诸多方面的理解和认识，社会的领导阶层、文化与价值观、战略、政治、经济和自然环境、军事能力和战场形势，以及整个战场情报和信息都在美军情报分析的范畴之内。这些内容包括从宏观到微观、从有形到无形、从抽象到具体，可以说囊括了与战争相关的方方面面。特别是美军还重点强调加强对敌方领导层和普通民众的思维过程和价值体系的了解，通过深入敌人的头脑，去探究、预测敌方的所思所想。这体现了美军力求从事物本质入手，深层次地研究作战对手，从根本上寻找敌人的薄弱点，能知敌之所想，料敌之反应，从而以致命的打击达成战争目的。要达成全面可靠的认知分析不仅要求美军大量占有及时准确的情报信息，还要求其主观判断必须与客观实际高度相符，二者缺一不可。但是要实现这样的目标难度极大，在战争进程中存在许多主客观因素，相互作用并制约影响着美军判断分析。

一是社会文化的差异。社会文化是决定一个国家、民族如何看待战争，如何进行战争思维的重要因素。世界各国在长期的历史发展中形成了具有鲜明特色的社会文化属性，并在此基础上形成了独特的战争观和作战思维方式。美军与其作战对手长期以来存在社会文化方面的差异，导致美军在分析和认知对手时，必定存在意识形态、思维过程等方面的差异和隔阂，很难真正用同一标准和尺度进行分析判断。即便美军采用"竞争性假设分析方法"和"红队"假想敌分析方法等手段，也会因为情报分析人员大多不具备多种社会文化素质，而不能完全站在敌人的角度来思考问题。在美军历史上就有过多次竭尽全力去设法理解、预测敌人的行动和意图，但最后都以失败告终的教训。例如，在朝鲜战争中，虽然中国已发出严正声明，但美军仍然以固定思维推断中国不会置国内困难和建设于不顾而出兵朝鲜，麦克阿瑟也由此做出"在感恩节前结束战争"的错误决定；在科索沃战争中，以美军为首的北约联军预测只需一场为期3天的战争，通过摧毁敌方关键性节点，就可以展示盟国的决心和力量，迫使米洛舍维奇屈服，而事实上北约联军不得不花了78天时间进行强度不断增大的轰炸才达成部分目标；在伊拉克战争中，美军情报部门更是没有预测到，随着萨达姆的倒台，美军会面对众多的反美武装。因此，伊拉克战争后，美军情报支援又开始强调进行文化情报分析，意图以此缩小不同文化、宗教和民族之间的差异。美军指出"在伊拉克，对文化人类学家的需求比对能讲阿拉伯语的人的需求更大。语言知识是一回事，理解风俗习惯、语言文化的细微之处则是另一回事"[1]。所以说，美军企图通过分析认知对手思维达成准确预测，社会文化差异首先就是一道难以逾越的鸿沟。

二是个性特征的复杂性。美军认为，在对敌方认知过程中，"对敌军领导人的人性因素分析对于评估敌军领导层的优势和弱点以及他们如何定下决心是非常重要的"[2]。美军强调对敌方领导人的分析，是基于对其性格特点、思维方式、成长经历、战争观乃至世界观的详细了解和认识，但这一点在实际操作中是非常困难的。首先，美军需要全面掌握敌方领导人的具体情况，这是敌方反情报部门重点防护的方面，在战时或平时实施都有较大难度。即使掌握最新的情况，美军也无法保证能够从中提炼出多少有关领导人特性的情报和信息。其次，人的个性特征是复杂的，

---

[1] 许斌主译：《先发制人与美国的战争方式》（美国参联会主席奖战略论文竞赛获奖作品精选），解放军出版社2008年版，第277页。

[2] 美军JP2-0《联合情报纲要》，2013年版，第132页。[R/OL].(2013-10-22)[2014-11-05].https://militarydictionary.org/source/joint-intelligence/.

是受诸多因素共同影响形成的。它既有稳定的一面，也有不确定的一面，具有较大的偶然性。仅仅依靠情报分析人员短时间的理解和认知，就想准确把握敌方领导人的个性特征，并预测出其想法和下一步行动是不现实的。而且在作战时，敌方领导人也会为了掩盖真实意图，而采取某些反常规或欺骗措施，诱导美军进行错误判断。克劳塞维茨就曾指出，"人类的任何活动都不会像战争那样给偶然性这个不速之客留有这样广阔的活动天地，因为没有一种活动像战争这样从各个方面和偶然性经常接触。偶然性会增加各种情况的不确定性，并扰乱事件的进程"[1]。因此，美军加强对敌方领导人个性认知在情报分析中的作用比较有限。

三是情报政治化的误导。情报认知分析为了迎合上级的意愿和政策而做出非基于客观事实的判断，这也是制约美军实现全面认知的重要障碍。在伊拉克战争期间，美国宣称伊拉克发展拥有大规模杀伤性武器及包庇恐怖组织，并以此为借口发动战争，而事后美军则承认"对于伊拉克与包括'基地'组织在内的恐怖组织之间的联系，美国和英国从未弄清其真实情况。虽然对其进行了大量指控，但任何指控都未得到证实"[2]。在情报分析过程中，美军所选用的情报素材，都是经过精心挑选的，用以证明美国对伊拉克的指控，而不是真正为了准确认知敌人。因此，美军将情报政治化作为伊拉克战争情报分析的一个重要教训，并在新版《联合情报纲要》中特别指出"关于形势的情报是决定政策的因素之一，而政策不得决定情报"[3]。但是在不改变战争性质的前提下，这些局部性的要求和调整对美军实现绝对全面可靠的认知分析难以提供根本性保证。

---

[1]　克劳塞维茨：《战争论》，中国人民解放军军事科学院译，解放军出版社1994年版，第50页。

[2]　军事科学院世界军事研究部：《伊拉克战争：战略、战术及军事上的经验教训》，军事科学出版社2005年版，第372页。

[3]　美军JP2-0《联合情报纲要》，2013年版，第59页。[R/OL].(2013-10-22)[2014-11-05].https://militarydictionary.org/source/joint-intelligence/.

参考文献

[1] 军事科学院世界军事研究部.美军联合作战新构想.2005.

[2] 拉塞尔·F.韦格利.美国陆军史[M].丁志源,郭力,卞庆祖,等译.北京：解放军出版社，1989.

[3] 军事科学院.海湾战争（上、中、下）[M].北京：军事科学出版社，1992.

[4] 军事科学院.科索沃战争（上、中、下)[M].北京：军事科学出版社，2000.

[5] 柴宇球.伊拉克战争专题研究[M].北京：军事科学出版社,2005.

[6] 张锦炎.海湾战争情报工作[M].北京：解放军出版社，1995.

[7] 军事科学院.美国军事基本情况[M].北京：军事科学出版社,2004.

[8] 李春立.美军战术级联合作战专题研究[M].北京：军事科学出版社,2005.

[9] 军事科学院外国军事研究部.战术[M].1999.

[10] 拉塞尔·F.韦格利.美国军事战略与政策史[M].彭光谦,张孝林,赵汉生,译.北京：解放军出版社，1984.

[11] 冯兆新.美军联合作战理论研究[M].北京：国防大学出版社,2001.

[12] 宁凌.城市游击[M].北京：军事谊文出版社,2006.

[13] 郭武君.联合作战指挥体制研究[M].北京：国防大学出版社，2003.

[14] 车先明.美军作战理论前沿问题聚焦[M].北京：军事科学出版

社 ,2005.

[15] 张金度 , 薛国安 . 谋霸新世纪 [M]. 北京：国防大学出版社 ,2001.

[16] 张立栋 .21 世纪陆军 [M]. 北京：国防大学出版社 ,2001.

[17] 富勒 . 装甲战 [M]. 周德，译 . 北京：解放军出版社 ,1987.

[18] 保罗 . 情报概论·先发讲义 [M]. 北京：中国军事信息调研中心，2001.

[19] 马克·塞拉西尼 . 未来战争——21 世纪战争面面观 [M]. 沈旻，译 . 南京：南京出版社 ,2004.

[20] 夏学华 . 美军地面作战部队 [M]. 北京：国防大学出版社，2000.

[21] 萧石忠 . 美国陆军 [M]. 北京：人民出版社，2004.

[22] 柯春桥 . 美国军事实力分析 [M]. 北京：民族出版社 ,1999.

[23] 王稚 .21 世纪美军先进军事技术和武器系统 [M]. 北京：解放军出版社 ,2002.

[24] 邓万学 . 美军常用军语释义 [M]. 北京：军事谊文出版社 ,2000.

[25] 罗伯特·F. 多尔 . 美国陆军 [M]. 王洪浩，周正，译 . 南京：南京出版社 ,2004.

[26] 妮科勒·施莱，莎贝娜·布塞 . 美国的战争 [M]. 陶佩云，译 . 北京：生活·读书·新知三联书店 ,2006.

[27] 鲁杰 . 美军心理战经典故事 [M]. 北京：团结出版社 ,2004.

[28] 美军 2020 联合构想 [M]. 北京：军事科学出版社，2004.

[29] 平志伟 . 中西方战术比较研究 [M]. 北京：国防大学出版社，2001.

[30] 李章瑞 . 解析伊拉克战争 [M]. 北京：军事科学出版社，2004.

[31] 刘诚，陈婷 . 聚焦美军：从越战到伊战的军事变革 [M]. 北京：解放军出版社，2005.

[32] 李辉光 . 伊拉克战争经验教训 [M]. 北京：军事科学出版社，2005.

[33] 李辉光 . 美军信息化作战与信息化建设 [M]. 北京：军事科学出

版社，2004.

[34] 柳文华，王润补. 六场局部战争中的信息作战 [M]. 北京：军事科学出版社，2005.

[35] 于君. 坦克装甲战车与未来城市作战 [J]. 世界军事，2007(2).

[36] 王新华, 魏岳江. 聚焦美军 [M]. 北京：海潮出版社，2004.

[37]U.S. Joint Chiefs of Staff, Joint Publication 2-0, Joint Intelligence. Washington, D.C.: GPO, 22 June 2013.

[38] U.S. Joint Chiefs of Staff, Joint Publication 2-0, Doctrine for Joint Intelligence Support to Joint Operations. May, 1995.

[39] U.S. Joint Chiefs of Staff, Joint Publication 2-01, Joint Intelligence Support to Military Operations.20 November 1996.

[40] U.S. Joint Chiefs of Staff, Joint Publication 2-01, Joint Tactics, Techniques, and Procedures for Intelligence Support to Targeting. 9 January 2003.

[41] U.S. Joint Chiefs of Staff, Joint Publication 2-01.3, Joint Tactics, Techniques, and Procedures for Joint Intelligence Preparation of the Battle space. 24 May 2000.

[42] U.S. Joint Chiefs of Staff, Joint Publication 2-02, National Intelligence Support to Joint Operations. 28 September 1998.

[43] U.S. Joint Chiefs of Staff, Joint Publication 3-0, Joint Operations, 17 September 2006.

[44] U.S. Joint Chiefs of Staff, Joint Publication 2-03, Geospatial Intelligence Support to Joint Operations, 22 March 2007.

[45] JOHN. F. STEWART. JR, DESERT STORM: A Third U.S.Army perspective, U.S. Army Military Intelligence History; A Sourcebook, U.S Army Intelligence center & Fort Huachuca, Arizona, 1995.

[46] U.S. Headquarters Department of the Army, Field Manual 2-0, Intelligence, 17 May, 2004.

[47] U.S. Headquarters Department of the Army, Field Manual 2-0, Intelligence, March, 2009.

[48] U.S. Secretary of the Air Force, Air Force Doctrine Document 2-1.9, Target, 8 June 2006.

[49] Marine Corps Doctrinal Publications 2-1, Intelligence Operations, 5 September 2003.

[50] U.S. Joint Chiefs of Staff, Joint Vision 2010, Washington, D.C., GPO. 1996.

[51] U.S. Joint Chiefs of Staff, Joint Vision 2020, Washington, D.C., GPO. 2000.

[52] U.S. Joint Chiefs of Staff, Joint Publication 5-0, Joint Operation Planning, 26 December 2006.

[53] U.S. Joint Chiefs of Staff, Joint Publication 3-60, Joint Targeting, 13 April 2007.

[54] U.S. Joint Chiefs of Staff, Joint Publication 3-16, Joint Doctrine for Multinational Operations, 5 April 2000.

[55] U.S. Joint Chiefs of Staff, Joint Publication 1, Doctrine for the Armed Force of the United States, 14 May 2007.

[56] U.S. Joint Chiefs of Staff, Joint Publication 6-0, Joint Communications System, 20 March 2006.

[57] U.S. Joint Chiefs of Staff, Joint Publication 1-02, Department of Defense Dictionary Military and Associated Terms, 12 April 2001.

[58]U.S. Department of Defense, Joint Operations Concepts, November 2003.

[59] U.S. Department of Defense, Defense Intelligence Strategy, 31 March 2008.

[60] U.S. Department of Defense, National Defense Strategy 2008, June 2008.

[61] U.S. Department of Defense, Quadrennial Defense Review Report, 6 February 2006.

[62] U.S. Department of Defense, Quadrennial Defense Review Report, 30 September 2001.

[63] C4ISR AWG Architecture Group , C4ISR Architecture Framework Version 2.0, 18 December 1997.

[64] ALICE HILLS, Future War in Cities: Rethinking a Liberal Dilemma[M]. London: Frank Gass Publishers, 2004.

[65] MICHAEL KEANE, Dictionary of Mordern Strategy and Tactics, Naval Insititute Press 2005.

[66] DAVID A. Deptula, Toward Restructuring National Security, Strategic Studies Quarterly, Winter 2007.

[67] JUDE G. Chizek, National Defense fellow, Foreign Affairs, Defense, and Trade Division, Military Transformation: Intelligence, Surveillance and Reconnaissance, Report for Congress, January 17, 2003.

[68] Secretary of Defense's Transformation Study Group, Transformation Study Report, April 27, 2001.

[69] SHERMAN KENT, Strategic Intelligence for American World Policy, Princeton University Press, 1949.

[70] MICHAEL I. Handel: Intelligence Operations, London: Frank Cass, 1990.

[71] LACQUEUR, Walter, The Uses and Limits of Intelligence, New Brunswick(US), 1993.

[72] Center for Strategic and International Studies: The "Instant Lessons" of the Iraq War, April 2003.

[73] Marchant, John C. The Case for the Establishment of a Theater Joint Intelligence Center, U.S. Armed Force Staff College, December 1948.

[74] Joint Integrated Open Architectures, Progressing Toward Net-

centric Operations and Warfare, 30 March 2004.

[75] Richard B. Porterfield: Navy Intelligence: Transforming to Meet the Threat, "U.S. Naval Institute: Proceedings", September 2005.

[76] Jeffery. T. Richelson, The U.S. Intelligence Community, Westview Press, 1995.

[77] U.S. Office of the Secretary of Defense, Public Affairs Office, Joint Intelligence Operations Center Fact Sheet, 22 March 2006.